JN100983

教師のための教育学シリーズ **5**

教師のための教育学シリーズ編集委員会 監修

教育心理学

糸井尚子・上淵 寿

編著

EDUCATIONAL STUDIES FOR TEACHERS SERIES

学文社

執　筆　者

*糸井　尚子　東京学芸大学教育学部総合教育科学系教授 ……………………（第1章）

利根川明子　東京学芸大学教育学部総合教育科学系特任講師 ………………（第2章）

柏﨑　秀子　実践女子大学教職センター教授 ………………………………（第3章）

林　　　創　神戸大学大学院人間発達環境学研究科准教授 …………………（第4章）

近藤　龍彰　富山大学人間発達科学部発達教育学科講師 …………………（第5章）

中野　貴博　名古屋学院大学スポーツ健康学部こどもスポーツ教育学科教授 …（第6章）

坂本　美紀　神戸大学大学院人間発達環境学研究科教授 …………………（第7章）

伊藤　貴昭　明治大学文学部准教授 …………………………………………（第8章）

仲　真紀子　立命館大学総合心理学部教授 …………………………………（第9章）

*上淵　　寿　早稲田大学教育・総合科学学術院教授 ………………………（第10章）

篠ヶ谷圭太　日本大学経済学部准教授 ………………………………………（第11章）

富田　英司　愛媛大学教育学部教育臨床准教授 ……………………………（第12章）

藤野　　博　東京学芸大学教職大学院教授 …………………………………（第13章）

奥野　誠一　立正大学心理学部准教授 ………………………………………（第14章）

(執筆順，＊は編者)

まえがき

　日本の教育は，今，大きな変革期にあると言われています。また，現在では，来るべき AI の時代に，どのような人材が必要であるのか，さらには，その新しい時代にどのような生き方が望まれるのだろうかと，遠いようで近い将来にも思いを巡らせる論点もあります。

　ゆえに，幼児教育から大学教育まで，さまざまな変革が論じられています。幼保一元化で，乳幼児をどのように養育，教育していくのか，また，小学校以降の学校教育では，アクティブラーニングや教育のユニバーサルデザインの導入などが注目を集めてきました。大学入試では，高大接続が求められ，大学入試共通テストが始まります。また，大学での教員養成についても，実践力にさらに重きを置く方向が導入されてきています。教育の課題はどの発達段階にもあると考えられます。

　しかし，このような変革はいつも議論されてきたといえましょう。たとえば，ゆとり教育の導入であったり，ゆとり教育からの転換であったり，教育がどのように行われるべきなのかは，その時々に盛んに議論されてきました。

　この状況において，やはり，原点を見失わずに，子ども理解・人間理解に徹することが，状況に惑わされずに教育の本来の姿を考えることにつながるのではないでしょうか。本書では，教育心理学のテキストとして，心身の発達と学習について概説を行いました。執筆者の先生がたの子ども理解・人間理解と教育についての平易で深い論説が読者に届くことを願っています。

　読者の皆さまが，概説を読むにとどまらず，本書を生かして実践の中で，子どもから人々から，多くのことを学んでいってほしいと思っています。

　そして，最後に編集の学文社落合絵理氏に深く感謝いたします。

2020 年 2 月

第 5 巻編者　糸井尚子・上淵　寿

i

目　次

Column

第1章

発達理論と発達段階

● **本章のねらい** ●

　ヒトの生涯発達について，発達とは何か，発達の基盤について説明し，発達理論や発達段階について主なものを取り上げ，個人差についても近年の捉え方を紹介する。豊かな発達のために，基礎となる理論の紹介を行う。

第1節　発達とは何か

1. 発達とは何か

　ヒトは生まれてから死にいたるまで成長を続ける。胎児期から老年期まで生涯にわたって，発達していく。身体的な成長のみならず，心や能力の発達もある。発達は英語の development の訳語である。内部に包まれていたものを，解く，開く，広げることを意味している。

　私たちが，ものごとを理解したり，知識を得たり，技能を身につけたり，他者との協力を身につけたりする力はどこから来たのであろうか。

　胎児期にも身体的な発達のみならず，視覚や聴覚も発達している。母胎内で胎児が足を動かし，それを外から母親が押し返すと，また胎児が足を動かしてそれに母親が押し返して答えるというような循環反応が見られることも知られている。母親，そして外界とのコミュニケーションが早くもスタート

1

しているのである。

　進化の歴史の中で備えてきた情報は，胎児の中の DNA 遺伝情報として，外界とのかかわりや，その人の世界を作り上げる基礎を与えているのである。

2. 生得的な基盤

　ヒトが共通に持っている，認知能力や社会的な能力の基盤にはどのようなものがあるだろう。

　ヒトには**生得的な言語獲得能力**が仮定されている。チョムスキー（A. N. Chomsky）によれば，ヒトはどの言語環境に生まれても，その言語の文法を感知して，処理できるようになるとしている。つまり，ヒトはどの言語であろうと学習できる能力を備えているのである。

　算数も学校で初めて教えられて理解するのではなく，乳児期に基本的な足し算引き算の能力を発揮できることをウイン（Wynn, 1992）が明らかにした。乳児はもちろん言葉での数詞は使えないが，（1＋1）や（2－1）などの人形の小さな数の移動を見せると，足し算・引き算の当たり前の結果を見せられても驚かないが，計算結果がおかしい場面（1＋1＝1）を見せると注視時間が増えるなどの驚きの反応を見せることが明らかになった。

　乳児期にすでに見られる算数能力も学習を通して，さらなる発達を遂げる。

　D. C. ギアリー（Geary, 1995）は，生物学的に第 1 の算数・数学能力と第 2 算数・数学能力という 2 つの概念を提案した。前者は計数と 3〜4 以内の集合の足し算・引き算であり，どの文化においても乳児期に見られる能力をさしている。どの文化においても乳児期に見られる能力とは，ヒトに普遍的で生得的な能力と考えられている。そして，後者は，発達的に続いて生じる文化に固有な数唱や計数のシステムとより大きな数での複雑な計算の形式を含む能力をさしている。

　そして，学習する能力そのものは，多くの生物がもっていると考えられている。学習理論の基礎となる条件づけはネズミ，ハトなどだけではなく，脳を持つ最も原始的な動物とされるプラナリアまでさかのぼることができる。

第2節　発達理論と発達段階

1. 発達と学習の時期

　さまざまな学習は発達の段階によって，その効果が異なるという考え方がある。ある学習にとって敏感期（臨界期・最適期）と呼ばれる，他の時期より効率的な学習が生じる時期があるという考え方である。脳の神経回路は，生後の体験・経験により発達する。脳の神経回路網はその活動に応じて構造と機能を変化させる性質をもち，それは可塑性と言われている。その学習に関連する**神経回路網の可塑性**が高まる時期があるという考え方である。視覚や聴覚などの感覚の機能や，母国語の習得に関わる神経回路は，敏感期の経験によって集中的に形成されると考えられている。

　双子の乳児の実験で，階段の登り降りの訓練を早くから取り組ませても効果が低い一方で，発達的に十分な時期がくると短期間で階段を登ることができるようになったという実験結果から，ゲゼルは環境よりも，遺伝的に組み込まれたプログラムによる成熟を重視した（ゲゼル，1942）。これは，成熟優位説と呼ばれる。なお，学習を行うための発達の準備状態をレディネスという。

2. 発達理論

　認知発達の考え方には2つの大きな発達理論がある。ひとつはJ. ピアジェの発生的認識論であり，ひとつはL. S. ヴィゴツキーの社会文化理論である。

　ピアジェ（1896-1980）の認知発達理論では，人は発達段階に応じたシェマ（外界を理解する枠組み）をもち，発達とはより高次のシェマを獲得することだと考えられている。より高次のシェマを獲得すると，認知が質的に変化し新たな発達段階に到達すると考えた（ピアジェ 1978）。

　ヴィゴツキー（1986-1934）は子どもの発達のパターンを決定づける文化の役割に特に焦点を当てた。ヴィゴツキーは，「子どもの文化的発達におけるあらゆる機能は，どれも二度現われる」としている。まず，社会的レベルに

おいて，その後に個人のレベルにおいて現われる。つまり，まず人との間（精神間）に現れ，それから子どもの内面（精神内）に現れる。すべての高次精神機能は，現実の個人間の関係に起源があり，それが精神内機能になっていくと主張した。その間に発達の最近接領域があり，子どもが内面化する以前に大人とのやり取りにより，認知の獲得が起こると考えた（ヴィゴツキー，2001）（詳しくは第4章参照）。

3. 発達段階

　発達段階は認知発達や，人格発達などの領域で用いられている。

　ピアジェは認知の発達を4つに分けることを提唱し，表象と操作の水準をもとに，「感覚運動期（sensori-motor period）」「前操作期（preoperational period）」「具体的操作期（concrete operational period）」「形式的操作期（formal operational period）」という4つの段階に分類した。詳しくは第4章で学ぶ。

　次に，人格発達における発達段階はどのようなものであろうか。エリクソン（E. H. Erikson, 1902-1994）は人生を8段階に区分して，それぞれに**発達課題と心理社会的危機**（psychosocial crisis），重要な対人関係，心理社会的様式を設定した。

① **乳児期**　（基本的信頼　対　不信）

　乳児期で重要なことは基本的信頼の獲得であるとされる。養育者に対して信頼を置くことができるか，安心して心穏やかにいることができるか，という人間関係の基礎がはぐくまれる時期である。**基本的信頼感**の獲得は後の人格形成に重要であり，基本的信頼感が獲得できないと，他者に対する不信を生じる。

② **児童前期**　（自律性　対　恥，疑惑）

　自分でコントロールできるかということに関しての自律性を達成することができるかどうかが課題となる。「自分で」行動することにこだわりが生じ，自律性を獲得して行く。自分で達成できれば，自律性を獲得でき，自分での達成が養育者に認められないと恥や疑惑をもつようになる。

③ **遊戯期**　（積極性　対　罪悪感）

　幼児期後期では自分で積極的に行動しようとする意欲が強くなる。行動の主体として自分で行動するようになり，自主性の獲得につながる。大人からこれに対して強い制限がかけられると，気持ちが萎縮したり罪悪感を強くもったりするようになる。主体的に遊びを行い，のびのびと自分の主体感を育成できれば積極的に自分を発揮できるようになり，行動の主体性を制限されれば，不要な罪悪感を抱えてしまうようになる。

④ **学齢期**　（勤勉　対　劣等感）

　学齢期に達すると，自分で起床して登校する，スポーツクラブやお稽古事に通うなど，継続して何かを達成することが重要となる。継続して何かをなし遂げることが勤勉性であり，これができないと劣等感をもつとされる。継続して何かを続けているという自信が，自尊心となり，周囲の承認を得ることにつながる。

⑤ **青年期**　（同一性　対　同一性拡散）

　青年期は自我同一性（ego identity）―自分がどんな人間かということ―を確立することが課題となる。自我同一性の確立がなされないと同一性拡散（identity diffusion）という危機を迎えることになる。自分が誰であるか，どのような人であるかの自己像に混乱状態を生じて，社会に適応的に関わっていくことが困難になる。青年期は自分の生き方や社会の中での役割を見出そうと葛藤しながら模索を続けていく時期である。このアイデンティティの確立は青年期のみならず，それ以降の人生にとっても大きな影響を与える。

⑥ **前成人期**　（親密さ　対　孤立）

　前成人期の発達課題は，親密さである。他者と真の親密な相互関係をもつことが課題となる。他者を信用して，パートナーシップをもつことはこの時期の重要な課題である。他者と親密に関わることができないと孤立をもたらす。

⑦ **成人期**　（再現性（生殖性）　対　自己没頭）

　成人期の発達課題は，再現性（生殖性 reproductivity）である。再現性（生殖性）とは，次の世代を育てていくことに関心をもつということであるとされ

ている。この再現性（生殖性）は，結婚して子どもを育てることだけでなく，社会的な仕事をすることや創造的な仕事をすることも含んでいる。つまり次世代に何かを残そうとすることが生殖性とされているのである。自己のみに関心が集中し，自分の行動を社会や時間軸の中で位置づけられないと人格の停滞を生じる。

⑧ 成熟期・老年期　（統合性　対　絶望）

　成熟期の発達課題は，統合性である。人生のまとめの時期に際し，自分の人生をどう評価するか自分自身で統合性を見出すことが必要になる。自分の人生の歩みを受容して，肯定的に統合することが重要になる。統合性を獲得することによって，人生の円熟期を心豊かに過ごすことができる。一方，自分の人生に意義が見出せないと，絶望の中で人生の締めくくりの時期を迎えることになる。

　このエリクソンの心理社会的発達段階では，それぞれの発達段階に通過すべき発達課題があり，それを達成することにより，次の発達段階に円滑に向かうことができると考えられている。それぞれの発達段階の課題を達成できないと，その課題を次の発達段階に入っても引きずってしまうと捉えられている。人生のそれぞれの時期において，その発達段階特有の問題に取り組んでいくことが，重要であると考えられている。

第3節　個人差はどうして生まれるか

1. 生得的な気質

　チェス（S. Chess）とトマス（A. Thomas）は1950年代から子どもの**気質**について研究を行い，乳児期から青年期にかけて比較的安定した個人の特性があることを明らかにした。

　穏やかで対応しやすい，ゆっくりで新しい環境になじむのに時間がかかる，気難しくて新しい環境になじむのが難しいという3つの気質に分類し，その気質は乳児期から青年期まで，比較的安定して持続すること，また，その気

質にあわせた育て方をすることによって，適応的に成長できることが示された（チェス＆トマス，1981）。

　これらは，生得的な気質と考えられた。このような**個人差**はどこから来るのであろうか。

2.　個人差はどこから来るのか

　2003 年に完了した**ヒトゲノム計画**によって，人間の遺伝情報を解析して，わかってきたことの一つは，1 人の人間が持つ 30 億の塩基のうち，個体によって高確率で差異のあるのはわずか 0.1％だということである（National Human Genome Research Institute, 2011）。このゲノムの全体から見れば，ほとんどは，ヒトとして斉一な遺伝情報を共有していて，その全体に比べればほんの少しの塩基配列によって，個人差が作り出されていることである。遺伝的に個人差ができるように設定されているのは，なぜであろうか。

　ここで，たとえばある花の色が，一対の遺伝子（A, a）によって決まっていて，A と a の間に優劣がない場合を考えてみよう（**図 1.1**）。ピンク（Aa）の花のマメどうしの親からは，次世代の子どもとして赤（AA）：ピンク（Aa）：白（aa）の 3 色の花が 1：2：1 の割合で発生する。仮に 2 組の遺伝子によって花の色が決定されるとするとピンク（AaBb）の花どうしの親から次世代の子どもは赤（AABB）：赤いピンク（AABb, AaBB）：ピンク（AaBb, AAbb, aaBB）：白いピンク（Aabb, aaBb）：白（aabb）が 1：4：6：4：1 の割合で生まれてくる。ピンクで親になるまで成長できた個体が，種としてのエンドウマメの適応の

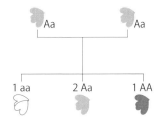

ある花の色
（A と a の間に優劣がなく，
赤・白・ピンクの 3 色がある
場合）
1 つの形質に 1 組の遺伝子対
が関わる場合

Aa　　　Aa

1 aa　　2 Aa　　1 AA

図 1.1　ポリジーン・システム①

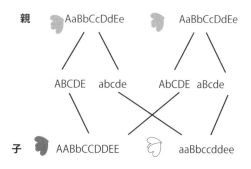

図 1.2　ポリジーン・システム②

同じ親からも一つの形質についてさまざまな子が生まれる可能性がある。
の親からとの子どもが生まれることがある。
つまり、きょうだいでも遺伝的な素因は異なる。

可能性を広げるために親とは異なる花の色の子孫を残すメカニズムである。

　個体差、つまり個性をもつことで種としての適応の可能性を広げるためのメカニズムであると考えられる。つまり個性をもつことが DNA の中に組み込まれていると考えられる。

　遺伝ということばは日常的には、親に似ていることを指す。しかし、遺伝ということは科学的には、個人差に関しては、**表現型**として親に似た子どもと親に似ない子どもを生みだすシステムだと考えることができる（**図 1.2**）。親に似た表現型だけを作り出すのではなくて、親に似ない表現型も作り出すことによって生物は自分たちの種が適応範囲をより広げようとしてきたのであろう。

3.　ポリジーン・システム

　身長やヒトのさまざまな特性のように連続的に分布する特質には**ポリジーン・システム**という遺伝のメカニズムが仮定されている。つまり、単一の遺伝子によって外に現れる表現型が決まるのではなく、多くの遺伝子が複合的に関わってひとつの表現型を作ると考えられている。そしてこのような連続的に分布する形質は環境要因の影響も多く受けることが知られている。

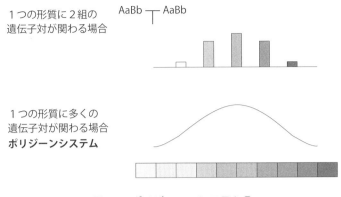

図1.3　ポリジーン・システム③

　ある形質の発現に一対の遺伝子ではなく，さらに非常に多数の遺伝子が関与していると仮定されるとき，分布は正規分布と呼ばれるベルを伏せたような形の分布になる（図1.3）。ひとつの形質に非常に多くの遺伝子が関与していることをポリジーン・システムと呼ぶ。

　また，多くの遺伝子が関係するポリジーン・システムの形質では，たとえば身長が栄養や運動という環境要因で表現型が変化するように環境要因もたくさん働くと仮定されている。

　ある特性で遺伝要因が100％と仮定されるときには，理論的には親子の相関係数は0.5になる。知能（知能テストで測定される知能）にもポリジーン・システムが仮定されている。多くの研究で，親子の知能の相関係数はおよそ0.4で，それほど高いわけではない。

4．遺伝も環境も

　心理学やその近接領域での行動遺伝学という分野の研究が進んで，遺伝か環境かという二者択一ではなく，「遺伝も環境も」という考え方が広がってきた。さらに遺伝と環境がどのように作用するのかということに関心が向けられるようになって来た。

　劣悪な環境におかれれば，個性は伸びていかないだろう。劣悪な環境にお

かれていた子どもたちがより適切な環境におかれることで，知能の発達が促進されたことも知られている（藤永ら，2005：ラター，2012）。

　適切な環境とはどのようなものであろうか。それは発達と学習のメカニズムをよく知ることにより理解されるのではないだろうか。

　お互いの個性を大事にして，それぞれの個性が発達していけるように環境を考えいくことが教育の大きな役割であると考えられる。

［糸井　尚子］

● **考えてみよう！**

▶ 発達の時期とそれに適切な学習にはどのようなものがあるか，考えてみよう。
▶ 個人差は何のためにあり，教育では個人差にどのように向き合うのがよいか考えてみよう。

● **引用・参考文献**

チェス，S.・トマス，A.　林雅次（監訳）(1981)．子供の気質と心理的発達　星和書店．（原著，1981 年）

チョムスキー，N.　井上和子他（訳）(1984)．ことばと認識―文法からみた人間知性―　大修館書店．（原著，1980 年）

藤永 保・斎賀久敬・春日喬・内田伸子 (2005)．人間発達と初期環境―初期環境の貧困に基づく発達遅滞児の長期追跡研究―　有斐閣．

Geary, D. C. (1995). Reflections of evolution and culture in children's cognition. *American Psychologist*, 50, 24-37.

Gesell, A. (1942). The Method of Co-Twin Control. *Science New Series, 95 (2470)*, 446-448.

Haworth, C. M. A. et al. (2010). The heritability of general cognitive ability increases linearly from childhood to young adulthood. *Molecular Psychiatry*, 15, 1112-1120.

National Human Genome Research Institute (2011). Whole Genome Association Studies. (https://www.genome.gov/17516714/2006-release-about-whole-genome-association-studies Last updated: July 15, 2011)

ピアジェ，J.　谷村 覚・浜田 寿美男（訳）(1978)．知能の誕生　ミネルヴァ書房（原著，1936 年）

ラター，M.　上鹿渡和宏（訳）(2012)．イギリス・ルーマニア養子研究から社会的

養護への示唆—施設から養子縁組された子どもに関する質問—　福村出版. (原著, 2009 年)

ヴィゴツキー　柴田 義松 (訳) (2001)　新訳版 思考と言語　新読書社. (原著, 1934 年)

Wynn, K. (1992). Addition and subtraction by human infants. *Nature, 358* (*6389*), 749-750.

▶ 遺伝要因と環境要因

　では，それぞれの能力や特性はどのくらい遺伝的でどのくらい環境要因が働くのだろうか。これを知るために行動遺伝学では遺伝率という指標を用いる。これは個人差の分散の中で遺伝要因が占める割合と環境要因が占める割合を比で示そうとするものである。環境要因と遺伝要因の比を出すためにいくつかの研究方法がある。そのひとつは双生児研究法と呼ばれ，一卵性双生児と二卵性双生児の相関係数を比べる方法である。もうひとつは養子研究法である。また，環境要因を同じ家族の親子やきょうだいが共有する共有環境とその個人がもつ固有の環境要因である非共有環境要因に分けることも行われてきた。これらの指標を使って，知能（知能テストで測定される知能）や性格などがどの程度遺伝的でどの程度が家族内のような共有環境により，またどの程度が非共有環境要因によるのかが検討されてきた。

　ここで意外な発見だったことは知能の遺伝率は年齢とともに上昇することであった。年を重ねていき，経験によって遺伝的な影響が薄らぐのではなく，年齢を重ねることにより，それぞれ，新たな遺伝的特質が発揮されるためではないかと考えられている。知能テストの中の課題で測定される認知能力について，複数の双生児研究をまとめたメタ分析の結果，児童期から成人期初期にかけて，遺伝の影響は40%から60%に上昇し，環境は共有環境も非共有環境も減少する傾向が示された（Haworth et al., 2010）。

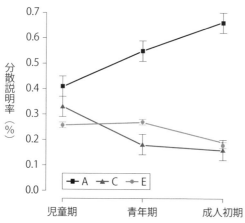

図　双生児研究による認知課題の遺伝要因・共有環境要因・非共有環境要因の年齢的変化 （Haworth et al., 2010）

　つまり，家庭環境や学校という環境は児童期から青年期までは，成人期に比べて，知能に比較的に大きな影響を与えると考えられる。遺伝研究により，子ども時代の環境としての家庭や学校の教育的意義が示されたと考えられる。

［糸井　尚子］

第2章

愛着の発達

● **本章のねらい** ●

　愛着とは，人と人の間の絆（緊密な情緒的結びつき）であり，ゆりかごから墓場まで生涯にわたり存続し，私たちの心身の発達を支えていると考えられている。本章では，子どもたちが他者との間に築く愛着の機能について知り，愛着の発達が子どもたちの心身の発達にとってどのような役割を果たすのかについて理解を深めることを目指す。

第1節　愛着とは何か

1. 愛着の定義

　イギリスの児童精神科医ジョン・ボウルビィ（John Bowlby）は，「危機的状況あるいはこれから起きる可能性のある危機に備えて，特定の対象との近接を求め，維持しようとする個体の傾向」を**愛着**（attachment）と定義し，愛着の起源や個人差，発達における愛着の役割などについて体系的な理論を提唱した（Bowlby, 1969/1982）。愛着と近い意味をもつ日常用語として，人と人との「絆」がある。ここでの「絆」とは，子どもが不安を感じたり怖い思いをしたりした時，お母さんを探して近寄ったり，くっついたりすることで安心感を得ようとするといった，特定の他者との間に築かれた緊密な情緒的結びつきを指す。特定の他者との間に愛着（絆）が形成されることで，新しい

13

環境や状況の中で生じた恐れや不安を上手く調節することができ，気持ちを立て直しながら外の世界を探索し，さまざまな物事に取り組むことが可能になると考えられている。乳幼児期の愛着は，主に母親などの主たる養育者との二者関係の中で形成されるが，児童期以降の親しい友人や先生，恋人やパートナー，配偶者といった親密な他者との間の関係性の中にも現れ，生涯にわたって私たちの発達を支えている。

　なお，愛着と同義の学術用語として，英語の attachment をカタカナで記し，「アタッチメント」と表記されることも多いが，本章では愛着に統一して記す。

2.　愛着の中核的要素

　ボウルビィの定義に基づくと，愛着には 3 つの中核的要素がある。ひとつ目は，何らかの「危機的状況」，つまり不安や恐れといったネガティヴな情動が喚起されるような場面で愛着が発動するという点である。愛着とは，ネガティヴな情動を経験（予期）した時，特定の対象に物理的または心理的にくっつくことで，ネガティヴな情動状態を低減・調節し，自分は安全であるという感覚を取り戻そうとする，私たちに生まれつき備わったシステムであると考えられている。

　2 つ目は，愛着が「特定の対象」との間で形成されるという点である。子どもは生後 1 年目の間に，いつも世話をしてくれる養育者など特定の対象を他者と区別し，不安や恐れを感じる場面でそこに逃げ込むことがきる**安全な避難所**として利用するようになる。また，初めて訪れた場所など不安を感じるような場面であっても，側で養育者が見守っているのを確認しつつ，外の世界に関わっていくといった**安全基地**として利用するようにもなる。不安や恐れを感じた時，特定の対象（ここでは養育者）が安全な避難所，あるいは安全基地として確かに応えてくれるという経験の積み重ねが，養育者への信頼感を強くし，愛着をより強固なものにしていく（**図2.1**）。

　3 つ目は，「近接性の確立・維持」である。ボウルビィは，「近接性」つまり誰かにくっつこうとする傾向は，生物に生まれつき備わった性質であると考えていた。また，愛着を形成した特定の対象への近接性を求める理由は，

図 2.1 愛着の中核的要素

出所）中尾（2014）に基づき作成

飢えや渇きなどの生理的欲求を満たすためではなく，安全・安心の感覚を得るためであり，特定の対象への近接性の確立・維持を通して心身の安全・安心の感覚が満たされることで初めて，私たちは積極的に外の世界と関わり，自分からさまざまな物事に取り組むことができるようになるとしている。

3. 愛着の類似概念

　愛着と似た概念に，依存や愛情，甘えなどがある。これらの概念は，いずれも特定の他者との情緒的結びつきを表すものであり愛着と混同されやすいが，学術的には区別されている。たとえば，依存は，不安や恐れを感じていない場合でも他者にくっつき受動的に何かをしてもらおうとする状態を指す。これに対し，愛着は，何らかの危機的状況に際してネガティヴな情動が生じた時，他者と心理的に深くつながりながらも，能動的に自らの情動や行動を調節し，自身の生活を豊かに広げていこうとする自律性に通じるもの（遠藤，2011）であり，明らかに性質の異なるものと考えられている。

　中尾（2014）は，愛着を「（危機的状況での）安心感の確保」，依存を「生理的欲求の受動的充足」，愛情を「（危機的状況以外で，人と人をつなげる）感情的接着剤」，甘えを「人間関係が円滑に展開するための潤滑油」として，そ

れぞれの性質の違いを説明している。

第2節　愛着の起源

1. 二次的動因説

　愛着についてのボウルヴィの理論が提唱される以前，養育者に対する子どもの愛着は，養育者が子どもの**基本的欲求**（飢えや渇きなど）を繰り返し満たすことで，二次的に形成されるのだと考えられていた。こうした考え方は二次的動因説と呼ばれている。二次的動因説に基づくと，飢えや渇きなどの一次的欲求を満たしてくれない相手には，子どもは愛着を形成しないことになる。しかし，**近接性**（誰かにくっつこうとする傾向）**の欲求**が，飢えや渇きなどの欲求を満たすこととは無関係に生じることが，動物を対象とした観察や実験を通して証明され，今では二次的動因説は否定されている。

2. 刷り込み（インプリンティング）

　オーストリアの動物行動学者コンラート・ローレンツ（Konrad Z. Lorenz）らは，カモなどの鳥のヒナが，卵から孵ってすぐ目にしたものを後追いし，その対象との近接を維持しようとする習性があることを発見した。こうした現象は，刷り込み（インプリンティング）と呼ばれる。ローレンツらは，ヒナが最初に目にしたものが親鳥ではなく，人間の場合や，餌をくれないオモチャであっても刷り込みが成立することを示した。このローレンツらの発見は，特定の対象との近接性を維持しようとする欲求や行動が他の欲求とは独立に，動物に生まれつき備わっていることの証左の一つとなっている。

3. 基本的欲求としての愛着

　アメリカの心理学者ハリー・ハーロウ（Harry F. Harlow）は，生後まもないアカゲザルの赤ちゃんを母親と分離し，愛着の性質について調べるための実験を行った。ハーロウらは実験手続きとして，一方のグループのアカゲザル

針金製の代理母　　毛布製の代理母

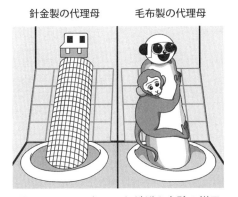

図 2.2　ハーロウのアカゲザル実験の様子

（出所）Harlow & Zimmermann（1959）に基づき作成

には針金製の代理母からミルクを与え，もう一方のグループのアカゲザルには毛布製の代理母からミルクを与えた。その後，針金製の代理母，毛布製の代理母とアカゲザルの赤ちゃんを一緒の部屋に入れ，どちらの代理母と一緒に過ごす時間が長いか観察した（図 2.2）。

　もし，二次的動因説が正しいとすれば，アカゲザルの赤ちゃんは自分にミルクを与えてくれた（一次的欲求を満たしてくれた）代理母との間に愛着を形成し，長く一緒に過ごすはずである。結果は，針金製の代理母，毛布製の代理母からそれぞれミルクを与えられたアカゲザルのどちらも，多くの時間を毛布製の代理母の近くで過ごした（図 2.3）。また，大きな虫の形をしたオモチャや，大きな音を出すクマのぬいぐるみなどを部屋に入れると，アカゲザルの赤ちゃんは驚いて怖がり，毛布製の代理母にしがみつく様子が観察された。さらに，毛布製の代理母にくっつく経験をしたアカゲザルは，一旦はオモチャに怯えたものの，落ち着くと自分からオモチャに近づき，探索しようとする様子も見られた。つまり，ミルクを与えて一次的欲求を満たしてくれる代理母ではなく，ふわふわな手触りの，怖い経験をした時にくっつくことで安心感を与えてくれた代理母との間に愛着が形成される様子が観察されたのである。

　こうした実験から，特定の対象への愛着は，他の基本的欲求が満たされる

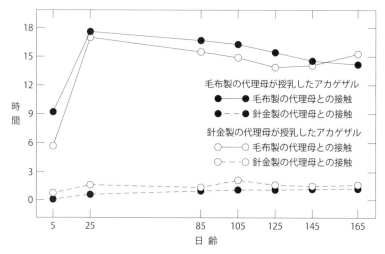

図2.3　ハーロウのアカゲザル実験の結果

（出所）Harlow & Zimmermann（1959）p.422（Fig3）に基づき作成

ことにより二次的に形成されるものではなく，危機的状況に際してネガティヴな情動が生じた際，特定の対象にくっつくことで安心感・安全感を取り戻し，再び探索的に活動することができるよう動物に備わった基本的性質の一つであると考えられている。

第3節　愛着の発達

1. 赤ちゃんの特異性

前節で紹介した動物を対象とした観察や実験などを通して，特定の対象との近接を求めようとする愛着の起源は，人を含めた動物に生まれつき備わった基本的性質であると考えられるようになった。ただし，人の赤ちゃんの場合，他の動物種と比べると極めて未成熟な状態で生まれ，生後半年以降にならないと，自ら動いて対象との近接性を維持することができず，生きるために必要な栄養の摂取や体温の維持なども，養育者などの他者の助けなしには

行えないという，人に固有の特徴をもつ。

　スイスの生物学者アドルフ・ポルトマン（Adolf Portmann）は，このような人の赤ちゃんの特徴を**生理的早産**と呼んだ。ポルトマン（1961）によると，本来の人の赤ちゃんの在胎期間は実際の在胎期間の倍以上（約21か月）であってもおかしくないという。進化の過程で人間が直立歩行を始めたことで女性の骨盤の構造が変わり，産道が著しく狭くなったことで，生物個体としては極めて未成熟な状態であっても，産道をギリギリ通れる短い在胎期間で出産するようになったと考えられている。

2. 乳幼児期の愛着の発達

　生まれて間もない人の赤ちゃんの愛着は，初めは養育者など周りの他者が支えることで成り立つという受動的な側面が強いが，徐々に子どもにとって能動的な形での愛着が形成されていく。ボウルヴィは，赤ちゃんの誕生から乳幼児期の間の愛着の発達について，次の4つの段階を仮定している（Bowlby, 1969/1982；遠藤, 2011, **表2.1**）。

　第1段階は，人物の識別を伴わない定位と発信の段階（出生～少なくとも8週頃，たいていは約12週頃まで），第2段階は，1人または数人の特定対象に対する定位と発信の段階（生後12週頃～6か月頃），第3段階は，発信および移動による特定対象への近接の維持の段階（生後6か月頃～2.3歳頃），第4段階は，目標修正的な協調性の形成の段階（3歳前後～）である。

　第1段階から第3段階にかけて，子どもは養育者などの特定の対象を他者と区別し，その対象との近接性を求めるようになる。特に第2段階から第3段階に移行する生後6か月～8か月頃は，知らない人に出会った時，お母さんにくっつき，その陰に隠れようとする仕草が見られるなど，「人見知り」が始まる時期でもある。人見知りの出現は，特定の対象と他者とを明確に区別し，その対象への愛着が形成されていることの証であると言い換えることもできる。

　4つの段階の大きな発達的変化として，第1段階から第3段階にかけての子どもの心身の発達に伴い，周囲からの働きかけを前提として成立する受動

表 2.1　標準的な愛着の発達過程

第 1 段階：人物の識別を伴わない定位と発信 （出生～少なくとも 8 週頃，たいていは約 12 週頃まで） ・まだ人を識別する能力が十分に備わっていない ・特定の対象というわけではなく，近くにいる人一般に視線を向けたり（定位），微笑んだり泣いたりする（発信） ・相手が誰でも，人の声を聞いたり人の顔を見たりすることで泣き止むことがある
第 2 段階：1 人または数人の特定の対象に対する定位と発信 （生後 12 週頃～6 か月頃） ・第 1 段階と同じく，比較的誰に対しても友好的にふるまう傾向があるが，人物に応じて幾分異なる行動も見せ始める ・特に日常的によく関わってくれる養育者などに対して，微笑んだり発声したりするといった愛着行動をより頻繁に向けるようになる
第 3 段階：発信および移動による特定対象への近接の維持 （生後 6 か月頃～2，3 歳頃） ・人物の識別がさらに明確になり，相手が誰であるかによって反応が明らかに異なってくる ・主な愛着対象以外でも，家族などの見慣れた人であれば二次的な愛着対象になる可能性があるが，見知らぬ人に対しては警戒心をもったり関わりを避けたりするようになる ・この時期にはハイハイや歩行による移動が可能になるため，養育者が自分の元から離れようとすると抗議するように声をあげたり，後追いをしたりするなど，これまでの段階では見られなかった能動的な愛着行動が多く見られるようになる
第 4 段階：目標修正的な協調性の形成 （3 歳前後～） ・養育者の行動や周りの状況などを観察することを通して，養育者の感情や動機，目標やそれを達成するための計画などについて推察できるようになる ・推察に基づいて，養育者が次にどんな行動を取るかを予測し，自分自身の行動や目標を修正したうえで，養育者との間に協調的な関係性を築こうとするようになる ・愛着対象は自分を保護し助けてくれる存在であるという主観的確信を固め，それを安心感の拠り所とするようになることで際立った愛着行動を起こさなくとも，また，短時間ならば愛着対象が不在でも情緒的に安定することが可能になる ・第三者から目に見える形での愛着行動は頻度・強度ともに大幅に減少していく

（出所）遠藤（2011）に基づき作成

的な愛着の形から，子ども自ら他者に働きかける能動的な愛着の形へと変化していくことが挙げられる。さらに第4段階にいたると，子どもが不安な場面で愛着対象との**物理的近接**がなくとも，相手のことを思い浮かべる（表象）などの**表象的近接**によっても安心感を得られるようになる。表象的近接の段階にいたると，第三者の目に見える形での愛着行動は減少していく。

第4章　愛着の測定と個人差

1. ストレンジ・シチュエーション法

ここまで見てきたように，子どもは誕生から数年の間に養育者をはじめとする特定の対象との間に愛着を形成していく。一方で，子どもと養育者の間に築かれる愛着の質には個人差があることも知られている。アメリカの心理学者メアリー・エインスワース（Mary D. Ainsworth）は，愛着の個人差を測定するための方法として，**ストレンジ・シチュエーション法**と呼ばれる実験手続きを開発した（Ainsworth et al., 1978）。ストレンジ・シチュエーション法は，1歳から1歳半頃の子どもを対象として設計されている。第1節で述べたとおり，愛着はネガティヴな情動が喚起されるような場面で発動するものであり，愛着の質を測定するためには，ネガティヴな情動が喚起されるような場面での子どもの様子を捉える必要がある。そのため，ストレンジ・シチュエーション法では，子どもを実験室の中で新奇（ストレンジ）な状況（シチュエーション）におき，マイルドなストレス状態の中で，養育者との分離・再会場面を実験的に設け，そこでの様子を観察する。

ストレンジ・シチュエーション法は，8つの場面から構成される（**図2.4**）。愛着の質の評定は，①養育者との分離場面で，子どもが苦痛（泣きや混乱）を示すか，②再会場面で，養育者とスムーズに再会し，すぐに落ち着けるか，③実験室の中で，養育者を安全基地として探索活動（初めてのオモチャで遊ぶなど）を行うか，といった視点から行われ，各場面での子どもの行動特徴に基づいて愛着タイプの分類を行う（**表2.2**）。

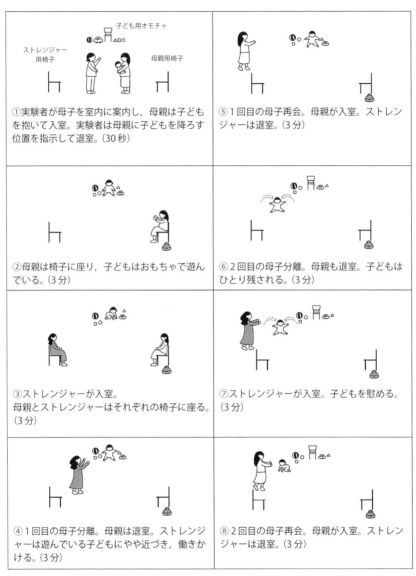

図2.4　ストレンジ・シチュエーション法の8場面（Ainsworth et al., 1978）

（出所）繁多（1987）p.79 に基づき作成

表 2.2　各愛着タイプの特徴と養育環境

	ストレンジ・シチュエーション法における子どもの行動特徴	養育者の日常の関わり方
Aタイプ（回避型）	・（分離）泣いたり，混乱を示したりすることがほとんどない。 ・（再会）養育者から目をそらしたり，避けようとしたりする。養育者が抱っこしようとしても，子どものほうから抱きつくことはなく，養育者が抱っこするのをやめても，それに対して抵抗を示したりはしない。 ・（探索）養育者を安全基地として，実験室内の探索を行うことがあまり見られない。養育者とは関わりなく行動することが多い。	・全般的に子どもの働きかけに拒否的にふるまうことが多く，他のタイプの養育者と比較して，子どもと対面しても微笑むことや身体接触することが少ない。 ・子どもが苦痛を示していたりすると，かえってそれを嫌がり，子どもを遠ざけてしまうような場合もある。 ・子どもの行動を強く統制しようとする働きかけが多く見られる。
Bタイプ（安定型）	・（分離）多少泣いたり，混乱を示したりする。 ・（再会）積極的に養育者との身体接触を求め，容易に静穏化する。 ・（探索）養育者を安全基地として積極的に探索活動を行うことができる。	・子どもの欲求や状態の変化などに相対的に敏感であり，子どもに対して過剰または無理な働きかけをすることが少ない。 ・子どもとの相互交渉が全般的に調和的かつ円滑であり，遊びや身体接触を楽しんでいる様子が随所にうかがえる。
Cタイプ（アンビヴァレント型）	・（分離）非常に強い不安や混乱を示す。 ・（再会）養育者との身体接触を求めるが，その一方で怒りながら養育者を激しくたたいたりする。近接と怒りに満ちた抵抗という両価的な側面が認められる。 ・（探索）養育者を安全基地として，安心して探索活動を行うことがあまりできない。養育者に執拗にくっついていようとすることが多い。	・子どもが送る各種の愛着のシグナルに対する敏感さが相対的に低く，子どもの行動や感情状態を適切に調整することがやや不得意。 ・子どもとの間で肯定的な相互交渉をもつことも少なくないが，それは子どもの欲求に応じたものというよりも，養育者の気分や都合に合わせたものであることが多い。 ・子どもが同じことをしても，それに対する反応が一貫性を欠いたり，反応のタイミングが微妙にずれたりすることが多い。
Dタイプ（無秩序・無方向型）	・総じてどこへ行きたいのか，何をしたいのかが読み取りづらい。 ・近接と回避という本来ならば両立しない行動が同時的に（例：顔をそむけながら養育者に近づこうとする），あるいは経時的に（例：養育者にしがみついたかと思うとすぐに床に倒れこむ）見られる。 ・不自然でぎこちない行動を示したり，タイミングのずれた場違いな行動や表情を見せたりする。（例：突然すくむ。うつろな表情を浮かべじっと固まって動かなくなる。） ・時折，養育者の存在におびえているような素振りを見せることがあり，むしろ初めて出会う実験者などに，より自然で親しげな態度をとるようなことも少なくない。	・養育者の特質に関する直接的な証拠は少ないが，被虐待児や抑うつなど感情障害の親をもつ子どもに非常に多く見られることから，次のような養育者像が推察されている。 ・（多くは外傷経験など心理的に未解決の問題を抱え）精神的に不安定なところがあり，突発的に表情や声，あるいは言動一般に変調をきたし，パニックに陥るようなことがある。言い換えれば，子どもをひどくおびえさせるような行動を示すことが多く，時に，通常一般では考えられないような（虐待行為を含めた）不適切な養育を施すこともある。

（出所）遠藤（2011）pp.103-104 に基づき作成

2. 愛着の個人差と養育者の関わり

　ストレンジ・シチュエーション法による養育者との分離・再会場面での様子と実験室での探索の様子から，子どもの愛着の質は4つのタイプに分類される（**表2.2**）。なお，当初のエインスワースの分類では，A・B・Cの3つのタイプが想定されていた（**図2.5**）が，後に3つのタイプのいずれにも分類できない子どもをDタイプとして加えた4つのタイプへの分類が採用されている。

　Aタイプ（回避型）の子どもは，養育者との分離時に泣いたり，混乱を示したりすることがほとんどなく，再会時に養育者から目をそらしたり，避けようとしたりするといった特徴がある。Bタイプ（安定型）の子どもは，養育者との分離時に多少泣いたり，混乱を示したりし，再会時に積極的に養育者との身体接触を求め，比較的スムーズに落ち着きを取り戻すといった特徴がある。Cタイプ（アンビヴァレント型）の子どもは，養育者との分離時に非常に強い不安や混乱を示し，再会時には養育者との身体接触を求めるが，その一方で怒りながら養育者を激しくたたくといった両価的な側面が認められることが特徴的である。A・B・Cの3タイプの愛着行動はそれぞれ異なるが，いずれも，養育者の日常の関わり方の特徴（**表2.2**）に合わせながら，近接性を維持するための一貫性のある行動である。一方，Dタイプ（無秩序・無方

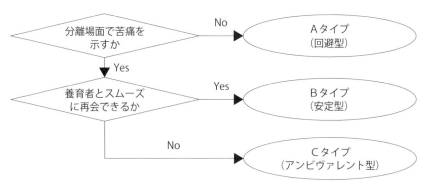

図2.5　分離・再会場面の子どもの様子と愛着のタイプ

（出所）繁多（1987）に基づき作成

向型）の子どもは，行動の一貫性がなく，総じて何がしたいのか読み取りづらいことが特徴的である。Dタイプは，被虐待児や，抑うつなど感情障害をもつ親の子どもに非常に多く見られることが指摘されている。

　こうした愛着の個人差は，子ども自身の生まれもった気質と養育者の日常の関わり方の特徴の両方が影響し合いながら形成されていくと考えられている。

［利根川明子］

● 考えてみよう！

▶ 子どもにとって養育者が確実な避難場所・安全基地となるようなるような働きかけとして，具体的にどのようなことが考えられるだろうか。
▶ 養育者をはじめとする身近な他者との間に愛着が形成されることは，子どもたちの発達や学習において，どのような役割を果たしているだろうか。

● 引用・参考文献

Ainsworth, M. D. S., Blehar, M. C., Waters, E., & Wall, S. (1978). *Patterns of attachment: A psychological study of the strange situation*. Oxford, England: Lawrence Erlbaum.

Bowlby, J. (1969/1982). *Attachment and loss. Vol. 1. Attachment*. New York: Basic Books.

遠藤利彦 (2011)．人との関係の中で育つ子ども　遠藤利彦・佐久間路子・徳田治子・野田淳子　乳幼児のこころ―子育ち・子育ての発達心理学 (pp.85-119)　有斐閣アルマ

Harlow, H. F., & Zimmermann, R. R. (1959). Affectional responses in the infant monkey. *Science, 130*, 421-432.

中尾達馬 (2014)．愛着とは何か　遠藤利彦・石井佑可子・佐久間路子 (編著)　よくわかる情動発達 (pp.128-129)　ミネルヴァ書房

繁多進 (1987)．愛着の発達―母と子の心の結びつき　大日本図書

ポルトマン，A.　高木正孝 (訳) (1961)．人間はどこまで動物か―新しい人間像のために　岩波新書

Wartner, U.G., Grossmann, K., Fremmer-Bombik, E., & Suess, G. (1994). Attachment patterns at age six in south germany: Predictability from infancy and implications for preschool behavior. *Child Development, 65*, 1014-1027.

▶ 愛着の連続性と内的作業モデル

　生後数年の間に，子どもは特定の身近な他者との間に愛着を形成し，初めて経験する状況や不安を感じるような場面でも，お母さんやお父さんなど愛着対象となった人に物理的・心理的に「くっつく」ことで安心感を取り戻し，愛着対象を拠点としながら，自分から積極的に外の世界と関わりをもつようになる。こうした愛着対象とのやりとりを通して，子どもは次第に，自分や周りの人たちについての主観的確信を強め，他者と関わる際のシミュレーションに利用するようになるといわれている。愛着理論を提唱したボウルビィは，子どもが愛着対象とのやりとりを通して形成する自分や他者についての心理的表象を，内的作業モデルと呼び，その後も生涯にわたり影響力をもつものと考えていた。内的作業モデル (Internal Working Model) は，具体的には，「自分は他者から愛される存在である」といった自分自身についての主観的確信（自己モデル）と，「他者は自分が必要なときに助けてくれる存在である」といった他者についての主観的確信（他者モデル）からなる。内的作業モデルに基づいて，私たちは「きっと相手はこうするはずだ」と他者の行動を予測したり，「自分はこうしよう」と自分の行動をプランニングしたりするという。その結果，ある程度一貫性のある対人関係のパターンが形成され，その人のパーソナリティの一部となっていくと考えられている。

　乳幼児期に形成された愛着の質が，私たちの生涯にわたる発達にとってどの程度，どのような影響力をもつのかについての議論と実証研究も発展しつつある。たとえば，ワートナーら (Wartner et al., 1994) は，愛着の時間的連続性について，乳幼児期に測定された愛着タイプ（ABCD の 4 分類）と 6 歳時点の愛着タイプの一致率が 82% にのぼることを報告している。また，愛着タイプの違いは仲間関係にも影響し，6 歳時点で安定型（B タイプ）の子どもは，回避型（A タイプ）や無秩序・無方向型（D タイプ）の子どもと比べ，幼稚園で観察された遊び場面において，遊びの質が高く，問題解決が上手で，いざこざが少ないことも報告されている。安定型の子どもたちは，他者に対して敵意を見出しにくく，友好な仲間関係を築くことができる場合が多いようである。

[利根川明子]

第3章

言語発達

●━━━ **本章のねらい** ━━━●

言語は人間を特徴づける重要な要素である。子どもは文法を体系的に教え込まれなくても言語を獲得し，発達に応じて質的に大きく変化していく。どのようなメカニズムがあるのだろうか。言語はコミュニケーションや社会性の発達に不可欠なだけでなく，認知の発達と密接に関連し，思考や学習する能力と関係する。そのような言語の発達の過程をみていこう。

第1節　乳児期の言語発達

1. 言葉の下地作り

　子どもは1歳前後に最初の言葉を話し始めるが，実はそれ以前から，人とのかかわりあいを通じて，言葉やコミュニケーションの前提条件となるさまざまな機能を身につける。まず，言葉以前の「言葉」からみていこう。

　生後間もなくから，乳児は早くから他者とコミュニケーションをとろうとするメカニズムをもっている。たとえば，大人の表情に合わせて，まるで真似るかのように，口の開閉や舌の出し入れなどをする（**共鳴動作**）。また，人の発する音声に特別な感受性をもっている。養育者が語りかけると，乳児はそれに合わせて身体を動かしたりする。養育者の側も乳児の発声やしぐさに敏感に反応し，両者が循環して相互交渉する。この現象は**エントレインメント**

（entrainment，引き込み同調現象）と呼ばれる。さらにアイコンタクトや微笑も加わって，養育者と動作や情動の信号を交換し共有する状態になり，情動的な関係が形作られる。情動的な関係を基礎に，コミュニケーションが発達する。

　言語音も発達していく。生後すぐから言語音と非言語音の違いや，音声の違い（例：/b/ と /p/）を聞き分けられる。生後2，3か月頃にはクーイングと呼ばれるリラックスした状態の発声ができるようになる。6か月頃にはさまざまな音声を出して楽しんでいるような声遊びが見られる。

　また，2〜11か月にかけて，噛語（なんご）が生じる。噛語は複数の音節があって快適な時に発する意味をもたない音声である。当初は子音が不明瞭だが，8か月頃から，子音と母音を組み合わせた基準噛語（例：バババ）を発するようになる。

　次第に，話し言葉らしい音声のレパートリーが増える。口唇や喉などの発声器官の成熟につれて，噛語は多様で複雑になる（例：「バブバブ」）。噛語でのやりとりによって養育者と情動的な関係が深まる。養育者の言葉かけには声の調子が高く抑揚を誇張する特徴（育児語，母親語，マザリーズ）がどの言語にも共通にあるため，乳児は耳を傾け模倣しやすい。

　面白いことに，噛語の調音はどの言語にも共通で，この時期はその言語では使わない音声も発声できている。だが，次第に日常耳にする言語の音声に合うように，弁別能力が定まっていく。そして，語を発する以前に，その言語らしい抑揚を身につけるのである。

2.　やりとりの関係で言葉に近づく

　コミュニケーションでは話し手と聞き手の役割交代が重要であるが，子どもは乳児期から役割交代を体験している。授乳で乳児が吸っている時は養育者は静かにしているが，乳児が吸うのを止めると養育者は揺すったり話しかけたりして働きかけており，身体によるコミュニケーションといえる。その後の噛語による音声のやりとりも同様で，それらがリズミカルな会話の交代パターンの基礎となる。愛着の確立後に，乳児は自分の意図を伝えようと，

他者に動作や音声を使って働きかけを行う。

　9か月頃には，子どもと養育者の二者関係に，物が介在するようになると，コミュニケーションの意図性が明確になってくる。**三項関係**（自分－物－相手）と呼ばれ，物を介して人と交わり，人を介して物と交わることである。テーマを共有しながら他者とかかわる関係ともいえる。三項関係が成立すると，言葉の世界にさらに近づく。ボールの受け渡しのような遊びを通して，与える側と受け取る側の役割交代（turn-taking）を獲得していく。それは会話の話し手と聞き手のやり取りに通じる。また，何らかの音声信号を発しながら他者を動かし，欲しい物を手に入れる意図も成就できる。

　10か月頃からは，指や手で事物を指し示す「**指さし**」の行為が現れる。指さしができるということは「意味するもの（指先）」と「意味されるもの（事物）」の間に指示関係が成立したことであり，また，その関係を相手に伝えようとする働きももつ。言葉の機能と同様である。また，指し示した方向の事物を周囲にいる他者と一緒に見る**共同注意**も生じるようになる。指さしと共同注意は参加者どうしが共通の対象に注意を向けてテーマを共有する状態である。会話の関係と同様で，また言葉に近づく。あとは，特定の音声と意味が結ばれれば言葉の出現である。

3. 一語で伝える

　1歳前後になると，子どもは自発的に意味のある語を話し始める（初語）。1歳過ぎ頃から，単語ひとつが文として機能する**一語文**が発せられ，文脈によって多様な意味で使われる。たとえば，一語文「マンマ」なら「（あっ）マンマ（がある）」「マンマ（はおいしい）」「マンマ（がほしい）」などのさまざまな意味の可能性がありうる。そのため，意味を解釈する他者との関わりが重要である。子どもは意味がうまく伝わらない経験を経て，1歳半〜2歳頃には，語を並べて「マンマ　アッタ」というような二語文が出現する。

第2節　幼児期の言語発達

1. 語彙の獲得

(1) シンボルとしての語彙

　認知能力の発達により，幼児期には**表象**や**象徴機能**が発達する（4章参照）。
　表象とは対象や体験に対するイメージや概念のことであり，象徴機能とは事物（意味されるもの）が表象と結びつき，事物を表す象徴（意味するもの，シンボル）として意味づけられることである。言語は事物を表現する記号であるため，表象や象徴機能によって言語能力が飛躍的に発達する（**図3.1**）。

　ただし，子どもが体験に基づいてイメージするため，語の意味は最初はその子に独自のものであり，大人の使い方と異なることが多い。たとえば「ワンワン」が四足動物一般に拡張されたり，逆に，「コップ」が自分の使うコップだけに縮小して使用されたりする。その後，使用範囲が限定される過程を経て，次第に，他者との共通の意味を獲得していく。

図3.1　象徴機能の関係（左）と言葉の象徴性（右）

(2) 意味の推測に関わる制約や手がかり

　子どもは新しい語を聞くと，わずかな回数の経験だけで正しく使えるようになる（**即時マッピング**）。なぜ新しく出会った事物の意味を推測して獲得できるのだろうか。たとえば，犬を指さして「いぬ」と言われても，犬の体全体か，尾や足などの部分か，毛の色か，名前か，その解釈には無数の可能性

があり得る。だが，認知的な制約が働くことで，解釈の可能性の範囲を狭めて語彙が獲得できる（今井・針生，2014）。認知的制約には，**①事物全体制約**：その事物「全体」と結びつける，**②事物カテゴリー制約**：その事物が属するカテゴリーと結びつける（例：類似した犬一般に拡張する）または形制約：形が似ている事物に拡張する），**③相互排他性制約**：語（カテゴリー名）と事物との関係は一対一である（例：すでに知っている「いぬ」に対して「黒い」と言った場合，「黒い」はカテゴリーでなく犬の他の属性とみなす），などが知られている。

　一方，認知的な制約の他にも，語の意味を推測する手がかりが日常生活に多くあるはずである。たとえば，養育者との関わりでは推測を助けるインプットが多くあるだろうし，養育者がどんなつもりで話しているかという意図を子どもが読み取ろうとするかもしれない。また，生態学的なアフォーダンスの考えに基づいて，子どもの育つ環境そのものが意味を推測させる，とも考えられる。

　こうして，語の意味を推論し語彙が獲得されていく。

2. 文法の発達

　子どもの言葉は一語文から二語文さらに複雑な文法を備えた文へと発達する。二語文とは「ブーブ　キタ」のように，語と語をつなぐ助詞や接続語句などがない電文体の文である。語彙数は最初の約50語までは月3〜5語ほどのゆっくりとしたペースで増加するが，1歳半頃から急増して（**語彙の爆発**）盛んに物の名前を尋ね（質問期・命名期），2歳頃に200〜300語，3歳頃には1000語程度になる。2歳過ぎ頃から，名詞に副詞や形容詞がつき述語を活用して二語文から多語文へと変わり，終助詞・格助詞・接続助詞（〜するから〜）も使用できる。

　幼児期後期には間投詞（例：あのね）が増え，「て形」で接続した長い発話（「〜してね，〜いってね，〜」）が話せる。5歳代には第2期語獲得期を迎えるが，物の名前を知らなくて質問する第1期と異なり，接する言葉の意味が理解できなくて質問する。受身や使役形，接続助詞，接続詞の使用はまだ間違いも

多い。

　ところで，子どもは，大人が外国語の文法を体系的に学ぶのとは異なり，周囲の人々が話す言葉を聞いて，自ら独自の規則性を見出しては発話を産出し，試しては修正を加える段階を経て，文法を獲得していく。たとえば，助詞「の」の発達では，まず限られた発話では正用できた段階から，頻繁に誤用する段階へ，そして誤用を自分で修正する段階を経て，正しく使用できる段階に至る。子どもは自分や他者の発話を自分の文法に照らして正誤確認や修正をする能力を備えており，周囲との関わりの中で能動的に学ぶのである。

3.　言葉を育てる周囲との関わり

　言葉の発達には周囲の者との関わりが重要である。養育者は単純な形で発話し語句や文全体を反復する傾向がある。母子会話の非対称性も指摘されており，養育者側からの発話が圧倒的に多く，自然なやりとりの中で子どもの言葉を引き出そうとする。また，子どもの発言「ハナ　キレイ」に対して「そうね，白いお花がきれいに咲いているね」と答えるような拡充模倣もある。子どもの発話を訂正せず活かしつつ欠落箇所を補ったり語を付加し，言葉を拡充して豊かにする。一方，子どもの側からも養育者に能動的な働きかけを行っている。

　養育者による絵本の読み聞かせも，表象的思考を育て，話し言葉と書き言葉を橋渡しすると考えられる。子どもどうしの関わりも関与し，いざこざや通じない経験によって伝わる表現を工夫するようになり，言葉の感覚が磨かれていく。

4.　思考を支える言葉へ

　言語の機能には，他者とのコミュニケーションの道具としての側面の他に，自分の思考の道具という側面もある。幼児期には言語が思考の道具として機能し始める。この時期，遊びの中でのひとり言が多くなるが，それは誰か他者に自分の意思を伝達するためではなく，自分がしていることについて考えているのである。**ヴィゴツキー**（L. S. Vygotsky）はこのひとり言について，

外言（音声を伴ったコミュニケーションの道具としての言語）の形ではあるが，**内言**（音声を伴わない個人内の思考の道具としての言語）の機能をもつと考えた。すなわち，外言が次第に内面化されて，過渡期的なひとり言を経て，内言に分化する，とした。頭の中だけで思考できるようになるにつれ，ひとり言は徐々に減少し，子どもの思考はさらに深まっていく。

5. 読み書きへの関心

　読み書きの習得には，文字を視覚的に分析する認知能力，書くために目と手が協応する運動能力など，さまざまな能力が関連して発達することが必要である。

　幼児期初期に，読み書きを身につける前から，遊びの中であたかも読み書きができるかのようにふるまうことがあり，**萌芽的リテラシー**と呼ばれる（高橋，2017）。たとえば，絵本の読み聞かせでその文章を聞き覚えた子が，絵本を開きながら文章を声に出したり，文字のような曲線のかたまりを書いたりする。日常生活の中で子どもは文字の存在に気づき，話し言葉が書き言葉で表せることを知る。「読めた」うれしさや周囲に喜ばれて，読み書きへの関心が高まる。そして，次第に文字の道具としての価値を理解していく。だが，真に読み書きができるようになるには，音韻意識の発達が必要となる。

　音韻意識とは話し言葉の音に注意を向けて操作する能力のことである。つまり，言葉は音の組み合わせからなり，たとえば「つくえ」の最後の音は「え」だとわかるような能力である。しりとりのような言葉遊びに参加したり，文字を指さして読んでもらったりして，生活の中で文字と音節（日本語はモーラ*もある）の対応に気づいていく。周囲に手助けされながら，音韻意識を発達させる。（*基本的に，1文字1音節1モーラだが，促音（「っ」）・撥音「ん」・長音等の特殊音節では2モーラになる。）

第3節　児童期・青年期の言語発達

1．リテラシーの世界へ

　小学校に入学すると，読み書きの学習が本格的に始まる。読み書き能力は**リテラシー**とも呼ばれる。就学前までに話し言葉が一通り完成し，現代はほとんどの子どもはひらがなが読めるし，自分の名前もひらがなで書けるようになっている。ただし，特殊音節の読みは文字と音節・モーラとの対応関係が不規則なため，就学期に習得が完成する。認知発達は前操作期から具体的操作期へと移行し，言語力はすべての学習の基盤で不可欠である。

　学校では漢字の学習も始まる。漢字は形（「へん」「つくり」など），複数の読み方（音読み・訓読み），表す意味と，さまざまな要素を学ぶ必要があり，またその漢字を使った熟語も学ぶ。負担も大きいが，漢字を知ることによる利点も多い。日本語は英語などと違って単語で分かち書きしないが，漢字があると読む際に単語を見つけやすく区切りがわかりやすいし，未知語があっても漢字の知識で意味を推測できたりする。

　語彙については，幼児期の語彙獲得とは異なり，単に語を知っているだけでなく，類似した語と意味がどう違うかも把握するようになり，質的な精緻化をたどっていく。

2．場面を越えた二次的言葉

　言葉の世界は小学校の入学前と後では大きく異なる。その違いを，岡本（1985）は**一次的言葉**と**二次的言葉**という概念を提唱して説明している。入学前の言葉は一次的言葉で，親しい相手との間で文脈情報を使って行う対面的なコミュニケーションの言葉である。一方，入学後からは二次的言葉で，不特定多数の相手に対して「今・ここ」の場面や状況を離れても機能する言葉であり，書き言葉だけと思われがちだが話し言葉もある。

　文や語句を正確に使って言葉だけで自分の思考を表現する，他者に話す，文章を書く，人前で発表や討論する経験などによって，二次的言葉が習得さ

れていく。教室で教師や仲間との
やりとりが言葉を伸ばす。なお，
一次的言葉と二次的言葉は場面に
応じて使い分けられ，影響し合い
ながら重層的に発達する（図3.2）。

3. リテラシーの深まり

(1) 読解力の深まり

　学童期には物語文や説明文など
さまざまなジャンルの文章に接す
るようになる。物語文は絵本の読
み聞かせによって就学前段階から
物語スキーマ（**物語文法**）と呼ば

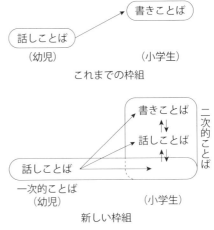

図 3.2　一次的言葉と二次的言葉の関係
(出所) 岡本 (1985) p.133

れる展開構造の枠組みがある程度できており，理解に活用される。一方，説
明文は学童期から学習が始まり，書き言葉の特徴や説明の展開の仕方を学ん
でいく。

　学年が上がると，長い文章を読むようになる。だが，単語の意味さえわか
れば文章全体が理解できるわけではなく，全体としてのつながりが理解でき
るようになる必要がある。文のつながりには結束性と一貫性がある。結束性
とは文の間の言語表現（代名詞や指示詞による照応，接続詞による接続関係など）
によるつながりであり，一貫性とは言語表現には表されていない意味的なつ
ながりである。読み手は自分が有する知識を使って推論して，つながりを理
解しようとする。

　また，言葉は常に字義通りであるとは限らない。皮肉，依頼・誘いへの断
りや言いにくい内容などは直接的な表現を避け間接的に伝えることが少なく
ない。比喩（例「人生は紙飛行機」）もまた字義通りでは理解できず，使われ
た語どうしの類似点を探って解釈する。発達的に見ると，皮肉のような字義
通りではない表現は児童期中盤から理解し始めるとされる（田村ら，2013）。
言葉の背後にある意図を理解する能力は対人関係を維持するためにも重要で

ある。

　文章を書くことも発達する。小学校では話し言葉とは異なる文章体の特徴を習得する。最初は外に声を発しながら書くが，次第に黙って書けるようになる。文章を書くには自己の思考を意識的に捉えて言語化する必要がある。その過程は，構想➡言語化➡推敲と直線的に進むのではなく，たえず自分の認知過程をモニターし，各段階を行き来し修正しながら進行する。ヘイズ（J. R. Hayes）とフラワー（L. S. Flower）が提示した**文章産出過程モデル**は，実際に作文する過程だけでなく，書き手の長期記憶（頭の中の話題・読み手・プランに関する知識），課題環境（課題と産出文章）という3要素から構成され，作文研究でよく参照されている。また，諸研究から「**読み手意識**」をもつことが文章作成に重要であるとされている。

　発達的に見ると，たとえば，対象物の配置状況を描写した作文では，低学年（2・3年）は状況の一部だけを取り上げその記述もおおまかで空想も書いたりし，中学年（4年）は状況全体の様子が書けるが簡潔な記述は難しく，高学年（5・6年）になると全体像と属性まで簡潔に記すことができ，文章末の結句も書けようになる（竹長，2007）。それは「読み手意識」が芽生えたため，と考えられる。また，小学6年生では作文の目的や推敲の技能は有するが，構想や情報収集の技能は習得途上との指摘もある。このように段階的に，文章を書くさまざまな要素を活用するようになっていく。

4. 文化間を移動する子どもたち

　国際化が進む今日，文化間を移動する子どもが学級にいることもあろう。幼少期に異なる言語環境に移ると，どの言語でも年齢相当の水準まで発達せず自分をうまく表現できない状態（**ダブルリミテッド**，セミリンガル）になる可能性がある。言語は思考を支え，認知の発達に大きく関わる。そのため，どの言語であれ，まずは自己を表現する手段を得ることが大事である（柏崎，2019）。

　また，日常会話では不自由なく円滑にコミュニケーションできているのに，授業ではよく理解できなかったり混乱したりする場合がある。それは，言語

能力には**生活言語能力**（BICS：Basic Interpersonal Communication Skills）と**学習言語能力**（CALP：Cognitive Academic Language Proficiency）の2種類があり，両者のアンバランスが原因と考えられる。生活言語は言葉を使用する文脈が活用できて具体的であるのに対して，学習言語は生活上とは異なる独特の表現（例：算数なら「定規」や足し算の「加える」など）も多く，文脈から離れて抽象的である。また，認知発達の形式的操作期以降はいっそう抽象的な思考が求められて困難が大きい。急増するそれら児童生徒たちへの教育のため，受入れの手引き（文部科学省，2019）や教員の養成・研修プログラム（日本語教育学会，2019）が開発されており，きめ細かい支援が期待される。

第4節　言語力を伸ばす活動

1．読書と言語力

　語彙の獲得には読書が大きな役割を担う。よく読書する子ほど語彙が豊富であり，語彙が豊富であれば読解力も高い。また，読解力が高ければその後の語彙力も高いという相互関係がある（高橋，2017）。読書する文章も発達につれて多様になり，物語文の他にも説明文や新聞・論説文などのさまざまなジャンルの文章に触れることで，読解力を深めていく。

　学年が上がり中学高校と進むにつれ，文章に書いてあることを正確に理解する（**テキストベース**）段階だけでなく，知識を活用して文章に書かれていないことまで理解する（**状況モデル**）段階へと発展する。つまり，「テキストの学習」に加え「テキストからの学習」が増える。言語力を伸ばすためにさまざまな活動が検討されている。たとえば，図表や地図などを活用すると，文章内容がよく理解できる。仲間と読みの過程を話し合うピア・リーディングも行われる。内容や理解状況を説明する活動も有効とされ，自己説明したり他者と説明し合ったりして理解を深める。このような児童生徒同士による**協働学習**が広がりを見せている。

　これからの時代は，OECD（経済協力開発機構）による**PISA型学力**のように，

知識・技能を実生活で活用できる能力が求められており，その柱である読解力は，①文章中の情報の取り出し，②解釈（書かれた情報から推論し意味を理解），③熟考・判断そして自分の意見を表現すること，とされる。テキストベースや状況モデルの読解力を伸ばす活動が重要であろう。

2. 言語力を支えるメタ認知

　文章の読解と産出のスキルを高めるには，自分の認知過程を自分で内省的に分析し，必要に応じて意識的に修正や制御をする**メタ認知**の能力（7章参照）が不可欠である。メタ認知を活用して，積極的に自分の読み書き活動をモニターし必要に応じて修正を加えて課題に対処する。メタ認知は児童期後半から青年期に大きな伸びを示し，さまざまな学習活動を支える。読み書きの指導でもメタ認知的知識を増やしたりメタ認知的活動を支援したりすることが望まれる。

　また，文章を書く際には「読み手意識」を持ち，読み手の知識や理解に合わせて書くと，伝わりやすくかつわかりやすくなる（柏崎，2016）。中高生になると，自分の意見を書く機会が増えるため，意見文の充実にもメタ認知の活用が有効である。たとえば，他者の視点から課題を捉え直し，多様な考え方を考慮したうえで，自分の意見を吟味・修正して，よりよい意見文を作成する。メタ認知を促し，小グループで生徒同士が意見を述べ合う活動が有効とされ，複数の研究でその有効性が報告されている（たとえば，三宮，2007）。また，作文や思考の型を提示したうえで話し合い活動を行うことによって，単なる型の習得だけでなく内容の充実に効果が見られ，紙面で他者の意見を示すだけでも一定の効果がある（清道，2011）ともされる。

　言語力はすべての学習の基盤であり，また学校での学びを越えて社会で生き抜くためにも不可欠な能力であり，その発達の促進が望まれる。

〔柏崎　秀子〕

● **考えてみよう！**

▶ 子どもは大人が言った言葉を聞き覚えてまねることで言葉を獲得するのだ
　ろうか。どのようなメカニズムがあるのか，考えよう。
▶ 学校に入ってからの言葉は幼児期の言葉とどう違うのだろうか。

● **引用・参考文献**

中央教育審議会教育課程部会 (2016)．言語能力の向上に関する特別チームにおけ
　る審議の取りまとめ　文部科学省 HP

今井むつみ・針生悦子 (2014)．言葉をおぼえるしくみ―母語から外国語まで―
　筑摩書房

柏崎秀子 (2016)．21 世紀型能力に向けた「他者に伝える意識」を持つ意義―読解
　と作文の融合研究のこれから―　実践女子大学生活科学部紀要，53，85-94.

柏崎秀子 (2019)．教職ベーシック　発達・学習の心理学（新版）　北樹出版

教育調査研究所 (2019)．特集：資質・能力を育む言語能力の育成　教育展望　65
　(8)，教育調査研究所

文部科学省 (2019)．外国人児童生徒受入れの手引き（改訂版）　文部科学省 HP.

日本語教育学会 (2019)．文部科学省委託「外国人児童生徒等教育を担う教員の養
　成・研修モデルプログラム」ニットノットネット https://mo-mo-pro.com/（2019
　年 9 月 11 日検索）.

岡本夏木 (1985)．言葉と発達　岩波書店

三宮真智子 (2007)．メタ認知を促す「意見文作成授業」の開発―他者とのコミュ
　ニケーションによる思考の深化を目指して―　鳴門教育大学高度情報研究教育
　センター・テクニカルレポート，1.

清道亜都子 (2011)．高校生の意見文作成における「紙上交流」の効果―「型」指
　導に加えて―　教育心理学研究，59(2)，219-230.

高橋登 (2017)．読み書きの発達　秦野悦子・高橋登（編）　講座・臨床発達心理学
　5　言語発達とその支援 (pp.147-166)　ミネルヴァ書房.

竹長吉正 (2007)．児童写生作文力の発達研究　埼玉大学教育学部紀要，56(1)，
　261-280.

田村綾菜・常深浩平・楠見孝 (2013)．児童期における「文字通りでないことば」
　の理解の発達的変化―二次的誤信念の理解との関連―　昭和女子大学大学院生
　活機構研究科紀要，22，17-30.

▶ 言語能力の育成：新学習指導要領のポイント

　2017，2018年告示の学習指導要領では言語能力の育成が重視されている。言語能力はすべての学習の基盤となり，また，言語を通じて他者とコミュニケーションをとり，思いやりや協調性などの人間性を育むからである。激動する21世紀を生き抜くには，学習の基盤となる言語能力を駆使し，知識・技能を活用し，他者とコミュニケーションをとりながら自ら考え自ら問題解決する力が求められる。

　育成を目指す資質・能力の3つの柱から，言語能力が学習や生涯にわたる生活の中で極めて重要な役割を果たす，と捉えられていることがわかる。

ⅰ）知識・技能：言語を使って，知識の間のつながりを捉えて構造化することで新たな知識を習得する。また，言葉自体の働きや役割に関して理解する。

ⅱ）思考力・判断力・表現力等：情報を読み取って吟味し，既存の知識と関連付けながら自分の考えを構築し，目的に応じて文章や発話で表現する。

ⅲ）学びに向かう力・人間性等：言語による働きかけや思考のプロセスの言語化を通じてメタ認知が獲得され，学びに向かう。また，言葉を通じて他者と関わり，互いへの理解を深めて思いやりや協調性などの人間性を育む。　　　　　　　　　　（中央教育審議会教育課程部会，2016）

　つまり，言語によって，情報を得て，思考し，その思考過程を可視化し，他者と関わり，さらなる思考の深化へとつながる。メタ認知能力も情動面・向社会性（思いやりや人間関係）も言語力を通じて育まれる，といえる。

　さらに，情報を理解するための力は「認識から思考へ」の過程で，文章や発話によって表現するための力は「思考から表現へ」という過程で働いているとされる。「認識から思考へ」の流れは一方向でなく行き来するし，「思考から表現へ」の過程も単発的に発生するのではなく関連し循環的に繰り返される。理解したことを表現することで思考が深まり，表現したことを理解し直すことによって思考をさらに深める。その過程を意識的に行うことで，学びに向かう力も育まれて，全体が大きなプラスの循環になっていく。

　言語発達に関する知見を踏まえて，各教科やあらゆる活動を通して，さらなる言語活動の充実が期待される。　　　　　　　　　　　　　［柏崎　秀子］

第4章

認知発達

● 本章のねらい ●

　「認知」とは，学習・記憶・思考などの一連の情報処理のことを指す。私たちは，このような情報処理によって，まわりの環境についてさまざまな情報を得ることができる。ここで重要なことは，「情報を処理すること」そのものではなく，「環境を制御すること」である。なぜなら，個体が自分の欲求を満たすには，環境を制御することが決め手になるからである。そのためには，環境に働きかけることでどのように変化するのかについての理解，すなわち「因果（物事の原因と結果の関係）についての知識が必要となる。それゆえ，認知発達とは広い意味で「因果についての知識獲得を可能にするプロセスの発達」のことを指すと捉えられることがある（Goswami, 1998）。

　本章では，このような認知発達について，しばしば対比して紹介されるピアジェ（Jean Piaget）とヴィゴツキー（Lev S. Vygotsky）の発達理論を紹介しながら，子どもの発達の様子と教育的な意味について説明していく。

第1節　ピアジェの発達理論の基本概念

　初めて子どもの認知発達を体系的に研究したのがピアジェである。ピアジェの考え方は，構成主義と呼ばれるもので，子どもが知識を能動的に作り上げていくという立場に立って研究を進めた。

　ピアジェの発達理論の基礎を理解するうえで重要なのが，「シェマ（schema）」

「同化（assimilation）」「調節（accommodation）」といった概念である。シェマとは，物事を認識するうえでの行動や思考の枠組みのようなものを指す。同化とは，すでに持っているシェマに基づいて新たな情報を取り入れていくことであり，調節とは，すでに持っているシェマでは対応できず，新しいシェマに変えることで情報を取り入れていくことである。

　たとえば，子どもが「水中でヒレを使って泳ぐ動物は魚類である」というシェマを持っているとして，その子どもが初めてマンボウを見たとする。ふつうの魚と比較すると，マンボウは前半分の体しかないように見えるが，水中に生息し，手足はなくてヒレを使って移動することから，その子どもの持つシェマに合致し，「マンボウは魚類である」と認識されるはずである。これが同化である。これに対して，その子が初めてクジラを見たとする。クジラは水中に生息し，ヒレを使って移動することから，「クジラも魚類だ」と誤って認識するかもしれない。しかし，クジラは，肺で呼吸を行い，乳で子どもを育てる「哺乳類」であることがわかれば，「水中でヒレを使って泳ぐ動物は魚類である」というシェマでは矛盾が生じ，対応できなくなる。そこで，このシェマを「水中でヒレを使って泳ぐ動物は魚類だけでなく，哺乳類もいる」と変化させることになる。これが調節である。

　新たな情報を得る時に，それが既存のシェマに適合するときはバランスがとれた状態である。しかし，既存のシェマでは当てはまらない場合はバランスがとれず，認知的な葛藤が生じる。これを解消するために，調節によって新しいシェマを生み出し，認知的なバランスを取ることになる。ピアジェは，このように同化と調節が繰り返され，均衡化されていくことを発達と考えた。

第2節　ピアジェの発達段階

　ピアジェは，認知発達の過程を，「表象（representation）」や「操作（operation）」が可能になる水準をもとに，「感覚運動期（sensori-motor period）」「前操作期（preoperational period）」「具体的操作期（concrete operational period）」

「**形式的操作期**（formal operational period）」という大きく 4 つの段階から構成される発達段階を提唱した。

　まず表象とは，ある対象に対する心の中のイメージのようなものを指す。たとえば，「みかん」が目の前になくても，私たちはオレンジ色をした丸いみかんを頭の中に思い浮かべることができるが，これが表象である。次に操作とは，「行為が内化されて表象されたもの」を指す。たとえば，私たちは頭の中の表象であるみかんの皮がむけて，中身が現れる様子を思い浮かべることができるだろう。これは，手を使って実際に皮をむいた行為ではなく，表象上での行為である。これが「行為が内化する」ということであり，操作である。さらに，みかんが 3 つあるときに，4 つのみかんをもらうと，何個になるかを考える場合，幼い頃は指でさしながら数えるが，しだいにこうした外的な行為に頼らなくても，頭の中で足し算ができるようになる。このような計算も，行為が内化されたものであり，操作といえるのである。

1.　感覚運動期

　ピアジェの発達段階のひとつ目が感覚運動期であり，0〜2 歳頃とされている。発達心理学での発達段階でいえば，新生児期から乳児期にほぼ相当し，幼児期が少し入る。この時期には，見るや聞くなどの感覚を通して事物を認識し，それらの事物に対して運動動作によって直接働きかけていくことで，物事の因果を理解していく。

　この時期での外界の認識は，感覚と運動のシェマに依存している。目に入ったりした刺激に対して，手足を使って直接的に反応するため，刺激と反応が言語や表象をほとんど介さずに結びついているといえる。感覚運動期を通じて，しだいに表象が可能になるにつれて，目の前に存在しないものについても頭の中で思い浮かべられるようになる。すなわち，対象が視界から消えても存在し続け，同一の特性を保持するという「**対象の永続性**（object permanence）」を獲得する。

　たとえば，赤ちゃんの目の前にあるおもちゃに布をかぶせるとしよう。感覚運動期の初期は，布で隠されておもちゃが見えなくなると，そのおもちゃ

が存在しなくなったかのような反応をしてしまう。これは，おもちゃの表象を頭の中に形成できていないからである。発達が進むにつれて，部分的に隠されたものであれば布を取り払っておもちゃを手にすることができるようになる。9か月を過ぎると目の前で完全に隠されたものであれば布を取り払っておもちゃを手にするようになる。しかし，この時期の赤ちゃんは固執的な誤りを示す。たとえば，おもちゃを布の下（場所 A）に隠して，赤ちゃんがそれを探して見つけた後に，赤ちゃんが見ている前で箱の下（場所 B）におもちゃを隠すと，先ほどの布の下（場所 A）を探すことがある。これは「A not B エラー（A not B error）」と呼ばれる。1歳を過ぎるとこのようなエラーも消え，1歳半頃までには，見えないところで完全に隠されたものでも見つけ出せるようになる。これは，表象の発達によって，「布で見えないけど，そこにおもちゃがあるはずだ」と認識できるようになるためである。すなわち，対象の永続性を獲得することになる。

2. 前操作期

　ピアジェの発達段階の2つ目は前操作期であり，2〜7歳頃とされる。幼児期にほぼ相当し，感覚や身体運動を通じてのみ外界を認識する状態から，表象を使って外界を認識し，物事の因果を理解する力が発達する。これは，表象上でシェマを使えるようになり，操作が可能になることを指す。しかし，この時期は論理的な操作がまだあまりできず，思考が不十分な面が見られる。

　前操作期の特徴を整理すると以下のようになる。

　第一に，さまざまな表象が可能になり，あるもので別のものを表わす「象徴機能」が出現する。たとえば，バナナを電話に見立てて，「ふり遊び（ごっこ遊び）」をしている場面を考えよう。これは，目の前のもの（バナナ）を使って，別のもの（電話の受話器）を表わす象徴機能によって成り立つことである。象徴機能によって，ことばの理解も発達する。「ミカン」ということば（音や文字の組み合わせ）を聞いて，「みかん」を表したものである，ということが理解できるようになる。このような発達が顕著である前操作期の前半の2〜4歳頃を，**象徴的思考段階**と呼ぶ。

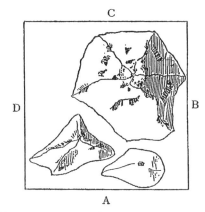

図4.1　3つの山問題（Piaget & Inhelder 1956）

　第二の特徴として，「**自己中心性**（egocentrism）」が挙げられる。これは自分の視点で物事を捉える傾向を指す。ピアジェは，「3つの山問題」（**図4.1**）を用いて，子どもの自己中心性を明らかにした。3つの山問題は，大きさと形が違う3つの山を子どもに見せ，子どもが見ている位置（例：A）とは別のところに人形を置いて（例：B），その人形から見える絵を何枚かの候補から選択させる課題である。前操作期の子どもは自分自身の視点と他者の視点を区別できず，自分が見える眺めの絵を選んでしまう。

　また，この時期には，「アニミズム」（無生物にも生命や意識があるかのように思うこと），「実念論」（自分が考えたことや夢の中の出来事が実在するかのように思うこと），「人工論」（あらゆる物事や事象が人間によって作られたように思うこと）といった思考も見られる。これらも自分の視点から離れることが困難なために生じるとされ，自己中心性の現れと考えられる。

　ただし，自己中心性とは，子どもが利己的であるという意味ではまったくないことに注意が必要である。まだ操作が不十分なために，単に自分以外の視点に立って考えるのが困難であるということを意味するのである。

　第三の特徴として，前操作期には少しずつ論理的判断が可能になってくるものの，直観的な判断にとどまり，対象の一番目立つ特徴によって判断を誤りやすいという傾向がある。ピアジェは，「保存課題」を用いて，このよう

図4.2　数の保存課題

な判断の誤りを明らかにした。ここで，保存とは，対象の見かけが変わっても対象の性質は変化しないという概念のことを指す。

図4.2は，数の保存課題の例である。おはじきを等間隔に2列に並べて同じ数であることを確認させた後に，子どもの見ている前で，一方の列の間隔を広げるとしよう。ここで，「どちらの方が多いかな，それとも同じかな？」と聞くと，前操作期の子どもは，間隔を広げた列の方が，端から端までの距離が長くなった点にのみ注目してしまい（一番目立つ特徴に注意を向けて），間隔を広げた列の方が多いと答えてしまう。保存課題を正答するには，「間隔を元に戻せば最初の状態に戻る（**可逆性の論理**）」「途中でおはじきを足しても引いてもいない（**同一性の論理**）」「間隔は広がったが密度は疎になった（**相補性の論理**）」といった論理規則を用いればよいが，前操作期は論理的な操作がまだ十分にできない時期であるため，単純な保存課題にも間違えてしまう。これも自分の視点から一番目立つ部分に注意を向けてしまうという点で自己中心性が関連する。こうした発達が顕著である前操作期の後半の4〜7歳頃を，**直観的思考段階**と呼ぶ。

3.　具体的操作期

ピアジェの発達段階の3つ目は具体的操作期であり，7〜11歳頃とされる。児童期がほぼ相当し，見たり触ったりできるような具体的な対象について論理的な操作を行い，物事の因果を捉えることが可能になる時期である。表象がさらに発達し，具体性をもつ概念的なシェマが発達する。

この時期には，2つの視点から物事を見られるようになり，自己中心性から脱却する。これを「**脱中心化**」と呼び，前操作期では難しかった3つの山問題も解決できるようになる。さらにこの時期には，論理的操作が発達することから，「広げる⇔狭める」など関係を可逆的に捉えられるようにもなる。

その結果，前操作期では難しかった保存課題を解決できるようになる。

　具体的操作期には，「**系列化**」や「**分類**（クラス包含）」といった論理的操作も可能になることが知られている。系列化では，長さの違う棒を，相互に比較しながら長さの順に並べることが可能になる。クラス包含では，たとえば花が 10 本あって，赤い花が 7 本，白い花が 3 本あるとき，「赤い花」と「花」のどちらが多いかという課題がある。「全体」と「部分」との関係を論理的に理解することで，「花」と正答できるようになる。ただし，ピアジェによると，この時期の子どもの思考の対象は具体物に限られるとされる。

4.　形式的操作期

　ピアジェの発達段階の 4 つ目は形式的操作期で，11 歳頃から始まり，14，15 歳頃に成立するとされる。青年期のはじめ頃に相当し，具体物に限られず，あらゆる可能性のある組み合わせを考えたり，仮説的であったり抽象的であったりする状況でも論理的な操作が可能になる時期である。これは表面上に見えない物事の因果を理解していくうえで重要な力となる。

　この時期には，思考の「内容」と「形式」を分離し，形式にしたがって抽象的に思考できるようになる。ピアジェが紹介した有名なものとして「**推移律**」がある。これは，既知の順序関係を未知の場合にも適用する推論である。たとえば，「ネズミはヒトよりも大きい」と「ヒトはクマよりも大きい」という 2 つの仮説的な前提をもとに，「ネズミはクマよりも大きい」という判断を正しく下せるのが推移律となる。実際には，ネズミはクマより小さいため，具体的操作期の子どもは解決が困難である。一方，形式的操作期の子どもは，このような現実にはありえない仮説的な状況でも，「ネズミ＝A」「ヒト＝B」「クマ＝C」と記号に置き換え，「A＞B」かつ「B＞C」ならば「A＞C」であるというように思考の内容と形式を分離し，形式にしたがって解決することができるようになる。

　この他に，ピアジェは「**組み合わせ的思考**」や「**比例概念**」といった形式的操作を紹介している。組み合わせ的思考を獲得すれば，たとえば 4 つの無色の液体のいくつかを使って色が変化することを見せると，組み合わせを系

統的に変えることで色の変化を再現することに成功する。比例概念を獲得すれば，天秤のつりあいをとる時も，支点からの距離を変えて，さまざまな重さの重りをつるすと，支点からの距離と重さが反比例することを見出すようになるのである。

　ピアジェは，これらの4つの発達段階の順序は一定であると考えた。また，14，15歳頃までで形式的操作期が終わるのは，この年齢頃に人間の思考が完成するとピアジェが考えたからである。

第3節　ヴィゴツキーの理論

　前述のように，ピアジェは，人間が発達する過程において，子どもは能動的であり，自分なりに外界の理解を構築していくものであると考えた。しかし，ピアジェの認知発達の捉え方は，個人の中で生じるもので，社会や文化の影響をあまり重視していないといえよう。これに対して，ヴィゴツキーは，社会や文化の影響を重視し，認知発達は他者との相互作用によって進み，構成されるものであると考えた。

　ヴィゴツキーの発達理論の基礎を理解するうえで重要なのが，「**発達の最近接領域**（zone of proximal development）」である。ヴィゴツキーは，子どもが自力で問題解決を達成できる水準と，他者からの援助や共同によって達成が可能になる水準に分け，2つの水準のズレの範囲を発達の最近接領域と呼んだ。何かの課題を自力で達成できるかどうかを見るだけでは，成熟した機能しか見ていないことになる。他者から教えられたり，他者と共同することでどれくらいできるようになるのかを検討することで，初めて発達の潜在的可能性を捉えることができる。こうした視点から，ヴィゴツキーは，発達の最近接領域に対して働きかけるものであったり，そうした潜在的な可能性の領域を作り出すものであるときに，教育は発達に対して本質的な寄与をすると考えた（木下，2005）。

　子どもが独力でできる水準が同じであっても，個人差があるため，他者か

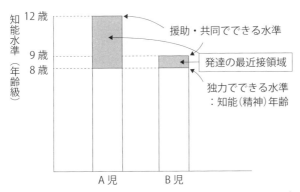

A児とB児は知能年齢が等しいが，発達の最近接領域は
A児のほうがB児より大きい。

図4.3　発達の最近接領域とその個人差
（出所）大久保（2000）p.17 を改変

ら援助されたり他者と共同してできる水準の範囲に違いがあり，発達の最近
接領域の大きさが異なる場合がある。このことを教育場面に当てはめると，
同じ教え方をしたり，同じグループ活動をしても学びに差が生じる一因にも
なりうる（山名，2011）。子どもが自力でできるようになるために，具体的な
ヒントを与えたり，例を出したりするなど，大人や教師が援助する「足場づ
くり」が重要であるが，発達の最近接領域の個人差を踏まえた例示や指導が
重要になってくるであろう。ただし，発達の最近接領域を見誤り，自力で課
題を解決できる水準に比べて，他者からの援助や共同によって達成できる水
準を高く見積もりすぎることが繰り返されると，子ども自身がいつまでたっ
ても課題を解決できず，課題に取り組むのを一切あきらめてしまう危険性も
生じうる。それぞれの子どもに適した水準を把握することが不可欠である。

第4節　認知発達の領域固有性

ピアジェは，ある発達段階に到達した子どもは，どのような内容や領域の

対象であっても，同じような形式の思考が適用でき，同じように発達が進む
と考えていた。このような考え方を「**領域一般性**」と呼ぶ。しかし，子ども
を見ていれば，すべての領域や内容に対して同時に知識の体系化が進むので
はないことがわかる。たとえば動物に対してだけ大人を凌駕する知識を持っ
ていたりするなど，自分の好きな対象に対してのみ特異的に発達が進むこと
を目にする機会があるだろう。近年では，人の心はいくつかの領域に分かれ
て発達するという考え方が主流になっている。このような考え方を「**領域固
有性**」と呼ぶ。特に生きていくうえで重要な領域の基本的知識は，幼い頃か
ら獲得されている。具体的には，物理的な対象に対する領域（素朴物理学），
心理的な対象に対する領域（素朴心理学），生物に関する領域（素朴生物学）の
3つは，幼児の頃に子どもなりの知識体系が成立していることが知られている。

　このようにある領域での知識が断片的なものではなく，日常経験等を通し
て獲得される知識のまとまりのことを「**素朴理論**」と呼ぶ。具体的には次の
3つが揃うとその領域は素朴理論があるとされる。第1は，知識の首尾一貫
性で，領域ごとに知識がまとまり，関連づけられていることである。第2は，
存在論的区別で，その理論が扱う事柄を特定できることである。たとえば生
物に関する理論であれば，存在形態の異なる生物と無生物を区別し，生物の
みを対象とする。第3は，因果的説明の枠組みで，領域内のある現象を説明
したり，予測できる因果的体系をもっていることである。

　素朴理論は，発達の過程でさまざまな経験を積んだり，学校教育で体系的
な知識を得ることで，大人のもつ理論へと変化していく。しかし，科学理論
と比較すると誤ったものであることも多く，修正されにくい場合があること
も知られている（**図4.4**）。これは，素朴物理学が日常生活の範囲内ではうま
く機能しているため，その中に組み込まれている基本原理に疑問をもつこと
が起こりにくいためである（中島，2008）。教育場面では，子どもがもつ素朴
理論を把握し，あえてそれと矛盾する情報を提示し，認知的な葛藤を起こさ
せることも有益であるといえよう。ピアジェの発達理論に即していえば，葛
藤状態は不快なため，調節によって新しいシェマを生み出し，認知的なバラ
ンスを取ろうとするだろう。こうした均衡化の過程で，学習内容への注意と

× はボールが落下した
ときの人の位置を示す

〔問い〕歩きながら手を放すと，ボールはどこへ落ちるか

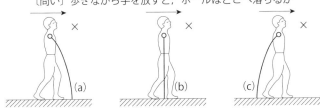

(a)　　　　(b)　　　　(c)

図4.4　落下運動に対する素朴物理学

(出所) McCloskey et al., 1983 と村山，1989，p.139 を改変

　一定の速度で歩いている人が，ある地点でボールを離した場合，ボールはどの位置に落ちるだろうか？

　科学理論では，慣性の法則（力が加わらない限り，静止物体は静止を続け，運動物体は同じ速度で動き続けるという物理学の法則）から，ボールは落下するとともに，進行方向の向きにも動き続けるので，正解は (a) である。しかし，「物体はまっすぐ下に落ちる」という素朴概念をもっている（(b) を選ぶ）ことが多い。これを**直落信念**と呼ぶ。

動機づけも高まり，学習が促進すると考えられる。

［林　　創］

● **考えてみよう！**

▶ 自己中心性によって生じる問題の例を挙げてみよう。

▶ 身近な事柄から，発達の最近接領域の例を挙げてみよう。

● **引用・参考文献**

藤田哲也 (2006)．有効な教材・わかりやすい例示とは―ピアジェの認知発達理論
　―　初等理科教育（8月号），40(9)，56-57.

Goswami, U.（1998）．*Cognition in children.* Psychology press. 岩男卓実・上淵寿・古

池若葉・富山尚子・中島伸子（訳）（2003）．子どもの認知発達　新曜社

林 創（2013）．発達理論と保育・教育実践　清水益治・森 敏昭（編）　0歳〜12歳
児の発達と学び—保幼小の連携と接続に向けて—（pp.223-225）　北大路書房.

木下孝司（2005）．発達の最近接領域：「明日」の発達をみるために　子安増生（編）
よくわかる認知発達とその支援（pp.18-19）　ミネルヴァ書房.

McCloskey, M., Washburn, A., & Felch, L.（1983）. Intuitive physics: The straight-
down belief and its origin. *Journal of Experimental Psychology: Learning, Memory,
and Cognition*, 9, 636-649.

村山功（1989）．自然科学の展開　鈴木宏昭・鈴木高士・村山功・杉本卓　教科理
解の認知心理学（pp.99-151）　新曜社.

中島信子（2008）．子どもは「物理学者」か—地球は平ら，それとも丸い？—　内
田伸子（編）　よくわかる乳幼児心理学（pp.170-171）　ミネルヴァ書房.

大久保義美（2000）．発達の概念　内田照彦・増田公男（編）　要説 発達・学習・
教育臨床の心理学（pp.12-21）　北大路書房.

Piaget, J., & Inhelder, B.（1956）. *The Child's Conception of Space*. London: Routledge
and Kegan Paul.

山名裕子（2011）．ヴィゴツキーの理論　井上智義・山名裕子・林 創　発達と教育
—心理学を生かした指導・援助のポイント—（pp.10-11）　樹村房.

● COLUMN ●

▶ ピアジェの考え方と教育方法

　ピアジェの理論は今や古典的であるが，子どもの発達段階に即して教師が教材を用意したり，指導を行っていくうえでの重要な示唆を与えると考えられる。

　たとえば，幼児期は主として前操作期に相当する。本章で学んだように，前操作期の子どもは保存概念が不十分で，対象の見かけが変わると数や量なども変化すると考えることがある。このことをふまえると，幼稚園でお菓子といった子どもに魅力的なものを分配する際には，「見かけ」にも配慮が必要となる。公平に分けたつもりでも，置き方（見かけ）で大小ができていると，子どもたちでけんかをはじめるかもしれない（林，2013）。

　児童期になると，小学校の学習指導要領に沿った本格的な学校教育が始まる。しかし低学年では，まだ前操作期に相当する子どもも多い。すなわち，操作がまだ不十分なことから，教科書や板書の情報を表象して認識できたとしても，それを頭の中で動かしたり，論理的に考えたりすることが難しい。たとえば，教科書の蝶とサナギの写真を見ながら，徐々に脱皮する様子を想像することは，この時期の子どもにとって難しい。そこで，脱皮の過程の写真を順に見せたり，映像教材を用いたりすると理解がスムーズになる（藤田，2006）。また，算数セットのように，実際に自分の手で触れて動かせるような教材を用いたり，教壇で教師が実演できたりするような教材を用意するのも理論的に有効である。

　中学年から高学年になると，具体的操作期になる。頭の中での論理的な操作も柔軟になり，分類の理解なども可能になる。ただし，抽象的な話は理解しにくい時期であるため，具体的な情報を当てはめた例を示していく必要がある。

　中学校に通う青年期以降は，形式的操作期にあたる。学習指導要領で定められる内容も高度になり，抽象度の高い理論や仮説的なことを考える（思考の内容と形式の分離を求められる）機会も増える。しかし，個人差も大きく，すべての子どもが形式的操作をできるわけではない。適宜，具体的な内容を伴った指導を行っていくことが有益である。

　「9歳の壁」「10歳の壁」といった言葉がしばしば聞かれる。この年齢では，割り算や小数，分数などの学習が始まり，頭の中で具体的に考えにくいケースも増えてくることから，学習に苦労する場合も目立つようになる。この年齢が，具体的操作期の終わり頃に相当することを考えれば，なぜつまずきが生まれやすいかも納得がいくことであろう。　　　　　　　　　　［林　創］

第5章

社会性の発達

● **本章のねらい** ●

　人は社会的動物といわれるように，さまざまな人と関わりながら生活をしている。そこでは，自然環境とは別の原理で動いている社会環境に適応し，また創造することが求められる。教育もまた，このような他者・集団・社会に関わっていく傾向性や能力，すなわち「社会性」を育むことが一つの目標となる。この章では，子どもの社会性がどのように成長・発達するのか，社会性を育むことに対して教育者が注意することは何であるのかを述べていく。

　とはいえ，子どもの社会性の発達を述べる際，どのような観点で「社会性」を捉えるかは難しい問題である。先述のように，人は社会的動物であるので，人間が行うあらゆる活動が社会性に関わるものともいえる。本章では，これら社会的な行動の背後にある認知能力である「心の理解」に焦点を当て，「子どもはどのように他者の（あるいは自己の）心を理解していくのか」をテーマに論じていく。大人（教師）にとっては当たり前の「人の心を理解する」ことについて，子ども独自の見方・考え方を知ってほしいと思う。

第1節　赤ちゃん（0歳から2歳ごろ）の「心の理解」

1. 社会性の出発点

　子どもの社会性の発達を考えるうえで重要なのは，「人はそもそも社会性を持った存在として生まれてくる」ということである。たとえば，「新生児

模倣」という有名な現象がある（Meltzoff & Moore, 1983）。生まれて間もない（数か月，数週間，時には数時間）赤ちゃんと対面し，大人が「ベー」と舌を出した時，赤ちゃんのほうも「ベー」と舌を出す。これが興味深いのは，生まれて間もない赤ちゃんが，目の前の大人が出している舌を，自分の舌と対応させているという事実である。もちろん意識的に理解しているわけではなく，人間はそもそも目の前の人を自分と同じような存在として知覚（感じ取る）メカニズムを持って生まれてきていると考えられる。また，赤ちゃんの目線を調べてみると，「人の顔らしい模様」を積極的に見ることがわかっている（Fantz, 1963）。さらに，相手とタイミングよくやりとりすること（社会的随伴性という）に期待をもっている（板倉，2007）。たとえば，ビデオに映った相手とやりとりしていると，ビデオゆえにやりとりのタイミングがずれてしまい，赤ちゃんは困惑する。これは，赤ちゃんは単に相手とやりとりすることを求めているわけではなく，赤ちゃん自身の働きかけにタイミングよくやりとりすることを求めていることを意味している。このように，人間は生まれた時からすでに他者とやりとりする社会性を備えている。つまり社会性の発達とは，「社会性がない状態から社会性がある状態になる」のではなく「もともと社会性は存在し，社会性の在り方・構造が年齢によって異なってくる」ものといえる。このような子ども観をもつことは教育者にとって重要な出発点である。

2. 三項関係

「社会性の在り方が年齢によって異なってくる」ことの大きなターニングポイントの一つは，生後9〜10か月ごろに起こる。この時期，子どもは「三項関係」と呼ばれる関係性を築くようになっていく（図5.1参照）。これ以前の時期は，自分-モノ，自分-他者，とそれぞれに関係性をもっていく「二項関係」と呼ばれる関係性で子どもは活動する。たとえば，おもちゃで一生懸命遊んでいる時は母が声をかけても振り向かない，母と遊んでいる時はおもちゃを出してもそれに興味を示さない，などである。それに対して，三項関係は，自分-他者-モノ，の3つの関係性を結んで世界と関わっていく。具体

55

9・10か月以前（二項関係）　　9・10か月以降（三項関係）

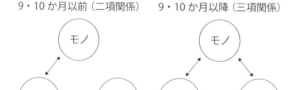

図5.1　二項関係と三項関係

例としては，指さしや社会的参照が挙げられる。指さしは，赤ちゃん（自分）があるモノと関わりつつ，他者（たとえば母）にそのモノの存在を共有しようとする行動である。もちろん，他者（母）があるモノの存在を赤ちゃん（自分）に教えようとする指さしの理解も可能となる。また，自分ではどうしてよいかわからない状況（モノ）に対して，他者の態度を参考にして自分の行動を決定する「**社会的参照**」もまた，三項関係が築けたがゆえに出てくる行動である。

　この三項関係は，生物としてのヒトではなく，社会的存在としての人として成長していくうえでの基盤となる。たとえば言葉の獲得にしても，あるモノに対して他の人がある言葉を名づけ，それを自分と共有しているという関係性があるからこそ可能となる（神田，2008）。このように捉えると，三項関係は赤ちゃんだけの問題ではなく，あらゆる学習場面での基本ともいえる。特に授業場面では，生徒（自分）と先生（他者）が教材や知識（モノ）を共有するという構造を見出すことができる（**図5.2**，佐伯，1995も参照）。教師に限らず子どもの発達に関わるものは，いかにして子どもと三項関係を築けるのかが実践上の大きな課題の一つといえよう。

図5.2　学習場面における三項関係のモデル

第 2 節　幼児期（3 歳から 6 歳ごろ）の「心の理解」

　先述のように，「心の理解」は生後間もない赤ちゃんから可能であるが，およそ 2 〜 3 歳ごろを境に，また別の「心の理解」の在り方が出現する。一言でいえば，赤ちゃんの頃の「心を感じる」プロセスから，幼児期の「心を考える」プロセスへの移行といえる（近藤，2014）。

　幼児期の「心の理解」を特徴づけるものの一つに，「心」に関する言葉の獲得が挙げられる。たとえば，2 歳頃より，ある表情（例：笑顔）に対応する感情（例：うれしい）を言葉で識別することが可能となる（Michalson & Lewis, 1985）。また，日常場面の会話でも，自分や他者の「心の状態」（例：欲しいや知っている）に関する言葉を使用するようになる（Bretherton & Beeghly, 1982）。このような心の状態に関する会話を行うことは，状況から感情を推論する能力（例：つみ木を壊されると怒る）につながることが示唆されている（e.g., Brown & Dunn, 1996）。

　もう一つ，幼児期の「心の理解」を特徴づけるものとして，「**心の理論** (Theory of Mind)」の獲得が挙げられる。「心の理論」とは，ある個体が自己および他者に目的・知識・信念・思考といった心的状態を帰属させることである (Premack & Woodruff, 1978)。「心」という目に見えないものを用いて，自分や他者の行動を予測・理解する枠組みと言い換えることもできる。「引力」という目に見えない理論を用いて，物体の行動を予測・理解する「物理の理論」と同じ構造をもっているという点で，心の「理論」と呼ばれる。

　問題は，このような「心の理論」を子どもがもっているかどうかをどうやって調べたらよいのかということである。心理学の分野では，「**誤信念課題**」という実験課題が存在する (Wimmer & Perner, 1983)。これは，以下のようなストーリーを子どもに聞かせ，登場人物の行動を予測・説明してもらうという課題である。登場人物はさまざまな呼ばれ方をするが，ここではよく用いられる「サリー」と「アン」という女の子で考えてみる (Baron-Cohen et al., 1985)。

(1) サリーがボールで遊んでいます。

(2) サリーがかごにボールを片付けました。

(3) サリーが部屋から出ていきました。

(4) サリーが部屋から出ていった後，アンが部屋にやってきました。

(5) アンはボールをかごから箱に移動させて，部屋を出ていきました。

(6) サリーが部屋に帰ってきました。

【問い】サリーは「かご」と「箱」のどちらにボールを探しに行くでしょうか？

　この課題のポイントは，ストーリーを聞いた子ども（自分）は，現在どちらにボールがあるか（箱）を知っているが，サリーはそれを知らないので別の場所にある（かご）と思っている（つまり，誤った信念をもっている）ということである。この課題では，「自分の心の世界」と「サリーの心の世界」を区別し，（目に見えない）「サリーの心の世界」に基づいてサリーの行動を予測することが求められる。おおよそ4歳以降に，子どもはこの課題に通過する（つまり「サリーはかごに探しに行く」と答える）ことが示されている。逆に言えば，3歳以前の子どもは，「サリーは箱に探しに行く」と自分の知っていることとサリーの知っていることを区別せずに回答する。ここから，およそ4歳ごろを境に，子どもは「心の理論」を獲得すると考えられる（Wimmer & Perner, 1983 も参照。ただし，獲得時期に関しては議論が存在する）。なお，「自分」に関する「心の理論」の獲得についても，スマーティー課題[1]と呼ばれる実験課題の結果，ほぼ同じ時期に獲得されることが示唆されている（郷式, 1999）。

第3節　児童期（6歳から12歳ごろ）の「心の理解」

　先ほど，幼児期の「心の理解」の発達とは，赤ちゃんの時期の「心を感じる」段階から「心を考える」段階への移行であるというように述べた。次の

児童期の「心の理解」の発達は「複雑な（に）心を考える」段階への移行といえる。

　「複雑な心を考える」ことに関して，6歳以降，子どもは「見た目と本当」の感情の区別を行うようになっていく。たとえば「本当は悲しいのだけれど，泣いてしまうと周りに弱虫と思われてしまうので，笑顔を作る」ということが理解できるようになっていく（e.g., 溝川，2013）。また，ある状況（例：カブトムシを見つける）が人によって異なった感情を生起させる（うれしい人もいれば怖い人もいる）ことを理解するようになるのも概ね6歳以降となる（e.g., Gnepp & Klayman, 1992）。さらに，「うれしいけど悲しい」といった，入り混じった感情を理解するようにもなる（久保，1999）。

　「複雑に心を考える」ことに関して，児童期は「**二次的信念**」を獲得する時期であるとされる（林，2008）。先ほどの「心の理論」で紹介した誤信念課題では，「サリーはボールがかごに入っていると思っている」と子ども（自分）は思っている，という構造であり，これを一次的信念と呼ぶことがある。それに対して二次的信念とは『Aは「BがXだと思っている」と思っている』と子ども（自分）は思っている，という構造を取る。『　』の中の信念の入れ子構造が一次的信念と比べて一つ増えていることがわかるだろう（図5.3）。この構造をもつことで，複雑な物語や人間関係での「心の理解」を行うことが可能となる。たとえば，〈ホームズはワトソンが「あの液体は毒物だと思っている」と思っているが，本当はホームズは液体が毒物でないことを知っている〉といった複雑なストーリーを理解するには，二次的信念の獲得が必要となる。ちなみに，先ほどの「見た目と本当」の感情の区別についても，二次的信念を獲得した子どものほうが，そうでない子どもよりも，「**自己演出的動機**」（自分についての他者の印象を操作すること）の理解が高いことが示されている（Banerjee & Yuill, 1999）。

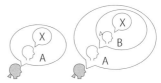

図5.3　一次的信念（左）と
　　　　二次的信念（右）

（出所）林（2008）p.63

第4節　思春期 (12歳から18歳ごろ) の「心の理解」

　思春期の「心の理解」の発達は，実のところ，これまで見てきたような大きな構造的変化についてあまり検討されていない。しかし，重要な変化があることは間違いない。ここでは，「心をコントロール (調整) する」段階への移行として特徴づける。近年の研究では，(これまでは「完成」したものとみなされてきた) 思春期の脳が，発達の初期と同じくらい大きな変革が行われることが明らかとなっている。

　スタインバーグ (L. Steinberg) は，思春期で主に変化する脳神経系統として，3つのR，報酬系 (Reward)，対人系 (Relationship)，制御系 (Regulatory) を挙げている (スタインバーグ，2015)。

　報酬系について，思春期になると，脳内で快楽のもととなるドーパミンという物質が増加し，そのことが，ちょっとしたことでも楽しいという気分を生じさせる。よく中学生ぐらいの時期は「箸が転がっても面白い」と言われるが，脳構造としても，ありふれた出来事でもより強い感情を引き起こすようになっている。

　対人系について，これまで述べてきた「心の理解」に関する脳部位もまた，変化していく。特に，他者から見た自分の評価を考慮し，それを維持・操作することが子どもたちにとって重要となってくる。それは自分と友達という二者間だけでなく，集団内での地位・階層によっても異なってくる。思春期はこのような複雑な人間関係の中で「心の理解」を発揮していく時期であり，また求められる時期でもある。

　制御系について，脳部位としては「前頭前野」という額のあたりにある領域が成熟し，他の領域とも接続していく。この部分は，がまんしたり，長期的な計画を立てたりといった，自分で自分をコントロールする機能を担う。ただし，この領域の成熟は非常にゆっくりであり，実際には20代にならないと成熟が完了しないとされる。知識としてはやってはいけないこと (例：煙草を吸う) がわかっているにもかかわらず，ついやってしまうというのも，

この時期に特有の「心の理解」の構造が関わっているといえる。

第5節　社会性を育む教育に向けて

　最後に，社会性を育む教育を考えるうえでポイントとなる点を述べる。そこでのキーワードは「多様性」である。教師は「心の理解」に関するさまざまな多様性を考慮することが重要である。

1.　時期
　第一に，「時期の多様性」である。これは，これまで述べてきたような発達を理解するということである。先に述べたように，大人にとっては当たり前の「人の心を理解する」現象であるが，子どもにとっては各時期に必然性をもった理解の在り方が存在する。大人側の目線で「あの子は人の気持ちがわからない子どもだ」とラベリングするのではなく，その時期特有の子どもなりの感じ方・考え方をまずは理解することが必要といえる。

2.　プロセス
　第二に，「プロセスの多様性」である。これは，「心の理解」の仕方にはさまざまなプロセスがあることを考慮することである。「心の理解」に関連の深い概念に「共感」が挙げられるが，この「共感」には大きく2つの過程があると考えられている (e.g., 梅田，2014)。ひとつが「**情動的共感**」であり，相手と同じ心理状態に自然となってしまうプロセスだとされる（「ホットな共感」とも呼ばれる）。もうひとつが「**認知的共感**」であり，相手の心理状態を意識的に推論して理解していくプロセスだとされる（「クールな共感」とも呼ばれる）。これは，先述した心を「感じる」プロセスと「考える」プロセスとも言い換えられる。「心を理解する」教育を実践する際には，実践者の側がどのような「理解の仕方」を想定しているのかを意識することが重要だといえる。

3. 個人差

第三に，「個々人の多様性」である。これは，人によって得意・不得意な理解の仕方があることを理解することである。この点に特に関連するのは，自閉スペクトラム症であろう。これは，人とコミュニケーションを取ることに困難をもっている発達障害である。この症状の原因として，人の心を理解することが困難であることが指摘されている。実際，第2節で紹介した「誤信念課題」に自閉スペクトラム症の人は通過しにくいことが報告されている（Baron-Cohen et al., 1985）。しかし，自閉スペクトラム症の人は，決して人の心を理解「できない」のではなく，その理解の「仕方」が異なっているという可能性が考えられる。たとえば，バロン＝コーエン（S. Baron-Cohen）は，人の認知スタイルには「**共感化**（Empathizing）」と「**システム化**（Systemizing）」の2つのシステムがあるという E-S システム理論を提唱している（バロン＝コーエン，2005）。共感化とはこれまで見てきたような他者（時に自分）の心の状態を認識するシステムであり，システム化とは機械や数学，コンピューターなどの法則性を認識するシステムである。そして人はそれぞれ E システムと S システムのどちらかが優位な認知スタイルをもっており，自閉スペクトラム症の人は「システム化」の認識スタイルを極端にとっていると考えられる。また千住（2012）は，自閉スペクトラム症の人の「心の理解」の困難は，「理解できない」のではなく「理解しようとしない」という自発性の問題である可能性を指摘している。これらの研究を踏まえると，一見「人の心を理解できない」ように見える子どもに対し，得意な（あるいは不得意な）「理解のスタイル」は何であるのか，理解はできるがそれを積極的に用いることが難しいのではないかといった，一歩深めた子ども理解につなげることができる。

4. 意味

第四に，「意味の多様性」である。これは，「心の理解」が現実の生活でどんな意味をもっているのかを考えることである。人が社会生活を送るためには「心の理解」はなくてはならないものである。したがって「心の理解」は

「できればできるだけよいもの」と捉えられがちである。しかし，「心の理解」の獲得が常に「よいこと」につながるわけではない。たとえば第2節の「心の理論」に関していえば，意識的に相手の心について考える力は，相手を思いやることにつながることもあれば，逆に相手の心を痛めることにもつながることがある。実際，いじめっ子は誤信念理解や感情理解に優れているという研究もある（佐久間，2014参照）。また，第3節の「二次的信念」に関して，「相手は自分の気持ちをどう思うか」を考えることが，相手に自分の心の内を安易に知られたくないという気持ちにつながり，悩みやつらさを人に打ち明けられなくなる可能性も出てくる（神田，2008）。さらに「相手からの評価」をより理解するようになる思春期には，周りの期待を優先して自分の気持ちを抑えつけてしまう「**過剰適応**」の問題（e.g., 石津・安保，2008），あるいはより深刻な心理的問題（うつ，対人恐怖症，摂食障害）が生じる可能性が高まる（スタインバーグ，2015）。「心の理解」が，子どもの社会性を育むうえで重要なテーマであることは確かであるが，それを暗黙的に「よいもの」として捉えるのではなく，子どもの日常生活で具体的にどのような意味をもって使われているのかを探ることが重要である。

5. 相手（関係性）

　第5に，「相手の多様性」である。これは「誰の」心を理解するのかを考えることである。私たちは普段の生活で見ず知らずの「サリー」（第2節参照）の心を理解することはない。日常の場面では，自分と仲のよい子，あまり話をしない子，いつもいじわるを言ってくる子など，固有の意味をもった「重要な他者」の心を理解していく。そして当然，その相手によって，「心の理解」の働き方も変わってくる。たとえば，普段仲のよい子が転んだ時には同情の感情が芽生え，なぐさめるかもしれないが，普段いじわるを言う子が転んだ時にはむしろうれしい気持ちが生じるかもしれない。このように，「心の理解」は誰にでも適用されるものではなく，その時々の相手・状況によってさまざまな機能をもつものであるといえる。そして，教師自身もまた，子どもにとって「心を理解する」他者として存在しており，子どももまた，教

師にとって「心を理解する」他者として存在している。「心の理解」を一般的なスキル・技術として捉えるのではなく，それぞれの関係性の観点から考えることがポイントといえる。

　心の理解，ひいては社会性にとって，「これを教えれば正解」というものは存在しない。そのことが，社会性を育む教育の難しさにつながっている。この困難な課題にチャレンジしていくうえでも，子どもは社会性をどのように発達させていくのか，それぞれの時期特有の構造はどのようなものでありそこで注意すべき点は何かを知ること，そして子ども同士，何より教師自身が子どもとどのような関係性を築いているのかをしっかりと考えることが求められる。

［近藤　龍彰］

● **考えてみよう！**

　▶ あなたがこれまで，「人の気持ちをわかりたい」と思った経験は何だろうか。また，その経験を子どもの社会性の教育にどのように活かせるか，考えてみよう。

　▶ あなたがこれまで，「人の気持ちがわからない」と思った経験は何だろうか。また，その経験を子どもの社会性の教育にどのように活かせるか，考えてみよう。

● **注**

1）スマーティー課題は，以下のような実験手続きをとる（郷式，2005 も参照）。

　① 「スマーティー」というお菓子の箱を子どもに見せて，これに何が入っているかを質問する。

　② 実際にはその箱に鉛筆が入っていることを見せる。

　③ 子どもに「箱の中を見ていない友達が箱の中に何が入っているかを聞かれるとどう答えるか」を質問する（他者信念質問）。

　④ 子どもに「最初に自分が箱の中に何が入っていると思っていたか」を質問

する（自己信念質問）。

⑤　本当は箱の中に何が入っているかを質問する（現実質問）。

サリー・アン課題では変化するものが「状況（物の場所）」だったのに対して，スマーティ課題では「自分の信念」そのものが変化している。

● 引用・参考文献

Banerjee, R., & Yuill, N. (1999). Children's understanding of self-presentational display rules: Associations with mental-state understanding. *British Journal of Developmental Psychology, 17*, 111-124.

バロン＝コーエン，S.　三宅真砂子（訳）(2005).　共感する女脳　システム化する男脳　日本放送出版協会 (Baron-Cohen, S. (2004). *The essential difference: Men, women, and the extreme male brain*. Penguin Books.).

Baron-Cohen, S., Leslie, A. M., & Frith, U. (1985). Does the autistic child have a 'theory of mind'? *Cognition, 21*, 37-46.

Bretherton, I., & Beeghly, M. (1982). Talking about internal states: The acquisition of an explicit theory of mind. *Developmental Psychology, 18*, 906-921.

Brown, J. R., & Dunn, J. (1996). Continuities in emotion understanding from three to six years. *Child Development, 67*, 789-802.

Eyal, T., Steffel, M., & Epley, N. (2018). Perspective mistaking: Accurately understanding the mind of another requires getting perspective, not taking perspective. *Journal of Personality and Social Psychology*, 114, 547-571. http://dx.doi.org/10.1037/pspa0000115.supp

Fantz, R. L. (1963). Pattern vision in newborn infants. *Science, 140*, 296-297.

Gnepp, J., & Klayman, J. (1992). Recognition of uncertainty in emotional inferences: Reasoning about emotionally equivocal situations. *Developmental Psychology, 28*. 145-158.

郷式　徹 (1999) 幼児における自分の心と他者の心の理解―「心の理論」課題を用いて―　教育心理学研究，47．354-363.

郷式　徹 (2005).　幼児期の自己理解の発達　3歳児はなぜ自分の誤った信念を思い出せないのか？　ナカニシヤ出版.

子安増生 (1999).　幼児期の他者理解の発達　心のモジュール説による心理学的検討　京都大学学術出版会.

林　創 (2008).　再帰的事象の認識とその発達に関する心理学的研究　風間書房.

石津憲一郎・安保英勇 (2008).　中学生の過剰適応傾向が学校適応感とストレス反応に与える影響　教育心理学研究，56，23-31.

板倉昭二 (2007).　心を発見する心の発達　京都大学学術出版会.

神田英雄（2008）．はじめての子育て　育ちのきほん―0歳から6歳　ひとなる書房．

近藤龍彰（2014）．幼児期の情動理解の発達研究における現状と課題　神戸大学大学院人間発達環境学研究科研究紀要，7，14-24．

久保ゆかり（1999）．児童における入り混じった感情の理解とその発達　東洋大学児童相談研究，18，33-43．

Meltzoff, A. N., & Moore, M. K.（1983）. Newborn infants imitate adult facial gestures. *Child Development, 54*, 702-709.

Michalson, L., & Lewis, M.（1985）. What do children know about emotions and when do they know it? In M. Lewis, & C. Saarni（Eds.）, *The Socialization of Emotions*（pp.117-139）. Plenum Press.

溝川　藍（2013）．幼児期・児童期の感情表出の調整と他者の心の理解―対人コミュニケーションの基礎の発達―　ナカニシヤ出版．

Premack, D., & Woodruff, G.（1978）. Does the chimpanzee have a theory of mind? *Behavioral and Brain Sciences, 1*, 515-526.

佐伯　胖（1995）．「わかる」ということの意味〔新版〕―子どもと教育―　岩波書店．

佐久間路子（2014）．「心の理論」とマキャベリ的知性（theory of "nasty" mind）　遠藤利彦・石井佑可子・佐久間路子（編）　よくわかる情動発達（pp. 126-127）　ミネルヴァ書房．

Selman, R. L.（1971）. Taking another's perspective: Role-taking development in early childhood. *Child Development, 42*, 1721-1734.

千住　淳（2012）．社会脳の発達　東京大学出版会．

スタインバーグ，L.　阿部寿美代（訳）（2015）　15歳はなぜ言うことを聞かないのか？最新脳科学でわかった第2の成長期　日経BPマーケティング（Steinberg, L.（2014）. *Age of opportunity: Lessons from the new science of adolescence*. Mariner Books.）．

梅田　聡（2014）共感の科学　梅田　聡（編）　岩波講座 コミュニケーションの認知科学2 共感（pp.1-29）　岩波書店．

Wimmer, H., & Perner, J.（1983）. Beliefs about beliefs: Representation and constraining function of wrong beliefs in young children's understanding of deception. *Cognition, 13*, 103-128.

Zhou, H., Majka, E. A., & Epley, N.（2017）. Inferring perspective versus getting perspective: Underestimating the value of being another person's shoes. *Psychological Science, 28*, 482-493.

● COLUMN ●

▶ 考えるな，尋ねろ!?：視点「取得」と視点「獲得」

　「人の気持ちを考える」ことについて，よく「相手の立場に立ってみよう」という教え方がなされる。このような相手の立場に立つ心理プロセスを「視点取得 (perspective taking)」と呼ぶ (e.g., 子安, 1999; Selman, 1971)。常識的にも，自分の視点からだけで物事を考えてしまうと相手の感じていること・考えていることを見誤ってしまうので，相手の視点に立つことで相手の心をより理解できる，というのはよくわかる。したがって，相手の立場に立つように教えるという教育も有効に思える。

　しかし，本当に「相手の立場に立つ」ことが，相手の心をよりよく理解することにつながるのだろうか。この点を明らかにするために，心理学では，相手の心についての予想（例：ある映画を相手がどれだけ好きかを7点満点で予想する）と，実際のその人の答え（例：自分がある映画をどれだけ好きかを7点満点で評価する）のズレを検討する。そのズレが少なければ正確であり，ズレが大きければ不正確となる。エプリーら (Eyal, Steffel, & Epley, 2018) は，このような研究をレビューした結果，「相手の立場に立つ」ように言われた人と特に何も言われなかった人では，正確性に違いがないこと，時により不正確であることを見出した。つまり，「相手の立場に立つ」ことは相手の心を理解することにつながらず，時に見誤ってしまう可能性があるのである。（ただし，正確性に関する実験上の問題は残る。普段私たちは相手の心を7点満点で予想しない。）

　では，どうすればより相手の心を理解することができるのだろうか。エプリーらは，「視点獲得 (perspective getting)」，つまり「相手に尋ねる」ことの重要性を指摘する。たとえばある人の政治的なメッセージAの好き嫌いを予想する場合，その人の別の政治的メッセージBの好き嫌いを聞いていれば，メッセージAの好き嫌いの予想がより正確になる。つまり「相手の立場を頭の中で想像するのではなく，実際に尋ねること」が相手の心を理解する有効な方法なのである (Zhou, et al., 2017も参照)。言ってしまえば身もふたもないことであるが，ここで改めて，相手の心は考えてわかるのか，という根本的な問題が提起される。むしろ相手の心はわからないことを認識することが，心の理解の本質かもしれない。

　相手の立場を想像することは有効な方法である。しかしそれだけで十分に相手を理解することはできない。過度に「わかった気」にならず，自分と相手のズレを自覚し，コミュニケーションを取り続けていくこと。これは「心の理解」の教育を考えるうえで重要な視点であろう。

〔近藤 龍彰〕

運動発達

　本章では，最初にヒトの身体の発育発達の基礎を学習する。続いて，教師や指導者が日常生活や教育課程の中で子どもたちに経験，学習させるべき運動動作について学習する。そのうえで，運動発達の過程を順を追って理解することで，より効果的な教育，指導に役立てられるようにすることが本章のねらいである。

第1節　ヒトの身体の発育発達に関する基礎理論

　子どもたちの運動発達を考える第一の基本は，ヒトがどのような発育発達過程をたどるかを理解することである。運動とは身体を動かすことによって成立しているため，ヒトの発育発達を適切に理解することは，子どもたちの運動発達を適切に指導することにつながる。逆にいえば，ヒトの発育発達を理解していなければ，間違った運動指導や不適切な運動課題，非合理的な運動経験を提供することになりかねない。そこで，本章の冒頭で非常に有名な2つの発育発達に関する曲線を用いて，ヒトの発育発達に関する基礎理論を理解する。

1. 形態的な発育の理解

　最初に示すのは、**身長の発育速度曲線**と呼ばれるものである。ここで、身長のように形態的な変化を示す際には「発育」という言葉を使うことを理解しておく。**図6.1** は高石ら (1977) によって示された身長の発育速度曲線である。個人差も存在するため、すべてのヒトがこの形で発育するとはいえないが、概ねの発育過程を理解するには有用である。この図は、速度という言葉が示す通り、年間の身長の伸び（速度）を縦軸に、年齢を横軸にして示してある。これによって、ヒトの身長の発育が著しい時期や緩やかな時期などを理解することができる。

　ここで、最初に注目すべきは 0〜1 歳頃を中心とした I 期である。この時期は第 1 発育急進期とよばれ、1 年間でおよそ 25cm 身長が伸びる。運動の面では、二足歩行を獲得していく時期である。続いて、第 II 期は幼児期の後半から小学校の高学年に相当する 10 歳頃までであり、比較的緩やかな発育を示す時期である。第 III 期は小学校の中・高学年から高校生の前半頃まで、年齢でいえば 15, 16 歳頃までの時期である。この時期の発育は男女で違いが見られ、一般に女子の方が 2 年ほど早い発育過程をたどる。第 2 発育急進期とも呼ばれ特徴的なピークが出現する時期である。最も発育の著しい点を **Peak Height Velocity: PHV** といい、運動発達を含む、ヒトの発育発達過程を学習するうえで極めて重要な時期である。最後の第 IV 期は、発育停止にいたるまでの極めて緩やかな発育を示す時期である。

　このように、ヒトの身体の大きさは 4 つの代表的な期を通して、成人の値に達すると

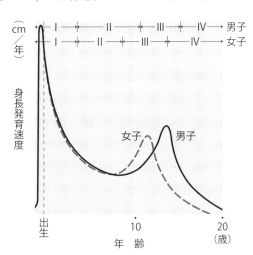

図6.1　身長の発育速度曲線
（出所）高石 (1977) p.3

いうことを理解しておくことが重要である。

2. 機能的な発達の理解

　次に，ヒトの機能的な発達に関して理解する。「**発育**」という言葉が形態的な変化を示すのに対し「**発達**」という言葉は，ヒトの機能的な変化を示す。本章の主題である運動は人の機能であるため，発達という言葉を使うのが適切である。

　図6.2 は1930年にアメリカのスキャモン（R. E. Scammon）によって発表されたヒトの発育発達過程の特徴を4つの型によって示した図である。この図も図6.1同様に個人差の存在から万人に当てはまるわけではないが，一般的な人の発育発達過程を理解するうえでは有用である。まず一般型であるが，これは身長や体重といった形態的な変化を含んでいる。そのため，図6.1と意味する部分は同じであり，出生後と思春期における急激な発育を再確認しておく。次に，最も特徴的な型であるリンパ型に注目する。リンパ型は胸腺やリンパ節を示しており，一般的には免疫機能の発達に関連するものと理解される。図が示す通り，子ども期には成人の2倍近くになっており，思春期頃から徐々に低下を始め成人の値に収束していく。10代半ばごろまでに人の身体の大部分が成長することを考えれば，この時期に高い免疫機能を獲得するようにできていることは理にかなっており，子ども期の成長を保証している機能とも考えることができる。続いて生殖型である

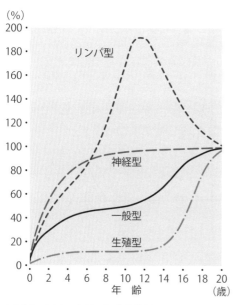

図6.2　スキャモンの成長曲線（Scammon, 1930）

が，これは言葉の通り生殖機能の発達と密接に関係する。思春期前までは，ほぼ発達が見られず成人の 10 % 程度の機能であるが，思春期を迎えると一般型以上に急激な発達を示す。通常，PHV に少し遅れて初潮がくることが知られているため，生殖型の急激な発達は，一般形のそれにわずかに遅れて発生すると理解することができる。最後に神経型である。この型は幼少期の運動発達と最も関係が深い型である。図が示す通り，ヒトの神経機能は小学校の低学年ごろまでに成人値の 9 割以上に発達し，その後は大きな発達は見込めない。運動に関する神経機能も同様であり，この時期により多くの神経発達を促すことが，その後の運動発達のために極めて重要であることがわかる。神経発達に関しては，次節でもう少し詳しく解説する。

第 2 節　子どもの運動発達の重要性

本節では，子ども，特に幼少期における運動発達の重要性について，現在の子どもたちの体力・運動能力に関する課題をまじえながら学習する。近年では幼少期の運動を画一的に一つの運動に特化するよりも，より多くの運動や動作を経験することが大切とされている。この点についても，どのような運動動作を体験させることが，その後の運動発達に有効に作用するかを学ぶ。

1.　現代の子どもたちの体力・運動能力

子どもたちの体力・運動能力は 1985 年ごろをピークに低下傾向が続いている。さまざまな取り組みにより，一部の体力要素においては改善も見られているが，依然としてピーク時には遠く及ばないのが現状である。図 6.3 は 1985 年と 2017 年における小学校 5 年生の 50 m 走とソフトボール投げの記録の比較である。特に，投能力に関しては低下が著しい。運動能力を表現する際に，走・跳・投などといった表現を使うことがあるが，発達の順序でいえば投動作が最も難しく，子どもの頃の適切な経験に基づく発達がなければ，大人になってから急激に機能を高めることは難しい。その投能力の代表であ

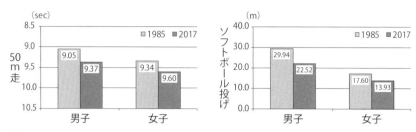

（資料）全国体力・運動能力，運動習慣等調査報告書（文部科学省）

図6.3　1985年と2017年の5年生の50 m走およびソフトボール投げの記録変化
（出所）中野（2018）p.72

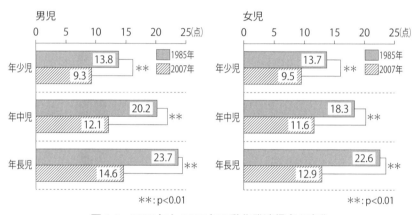

図6.4　1985年と2007年の動作発達得点の変化
（出所）中村ら（2011）p.14

るソフトボール投げが最も顕著に低下してしまっているのが現状であり，小さい頃の運動経験の不足が原因と考えられている。運動動作の発達全体で見ても，以前と比べて幼児の段階で大きな発達の遅れが見られることが示されている（**図6.4**）。また，一日の活動量の目安となる歩数に関してもピーク時に比べると少なくとも6000～8000歩ぐらいは減少してしまっており，現代の子どもたちの体力・運動能力や運動実施は厳しい状況にある。

2.　幼少期の動作習得と神経発達

　前節の後半部分でヒトの神経発達の 9 割以上が幼児期から小学校低学年ぐ
らいまでに見られることを示した。このことからも，子どもの頃の運動経験
が将来のさまざまな運動動作獲得に強く影響することが容易に想像でき，幼
少期の運動経験は生涯の運動発達，ひいては運動に親しめるようになるため
に極めて重要であるといえる。

　ここで，子どもたちが動作を習得する過程を理解するために重要な，多様
化と洗練化の考え方を，神経発達の理論とともに示していく。最初に「動き
の多様化」であるが，子どもは小さい頃に日常生活や学校の体育授業，休み
時間などさまざまな場面で非常に多くの基本となる運動動作を体験する。た
とえば，立つ，転がる，跳ぶ，押すなども基本的な動作の例である。これら
の動作を数多く経験する中で，基本的な動きの種類を増大させていく。この
過程がすなわち「動きの多様化」の過程である。この時，ヒトの神経はさま
ざまな動きに対応した回路を形成していく。実は，この時期の回路は過剰に
形成されることがわかっている。言い換えれば，仮に未熟な動きであっても，
あらゆる新しい動きの経験に対して新たな神経回路を形成していくと考えら
れる。この段階では，大人から見れば未熟であったり，ぎこちない動きであ
ったりが多く見られる。しかし，ヒトの運動動作は，繰り返しによって，よ
り合理的で合目的的な動作へと洗練されていく。この過程が「動きの洗練化」
の過程である。この段階では，ヒトの神経回路の剪定という現象が見られる。
つまり，より効率的に合目的的な動きをするために使うべき回路だけを残し
ていく過程である。これによって，ヒトの運動動作は徐々に洗練され，上手
いとか巧みといわれる動作へと改められていくのである。

　これらのことを理解すれば，神経回路の 9 割以上が形成されるこの時期に，
過剰なほどの運動動作の経験をすることが大切であることにも合点がいくで
あろう。言ってみれば，動作の引き出しを増やしておくことが，将来におけ
る運動発達の基礎を培うといっても過言ではない。

3. 運動発達の段階と幼少期に重視すべき運動動作

　図6.5はアメリカの学者ガラヒュー（D. L. Gallahue）博士が示した運動発達の段階とステージの図を翻訳したものである。この図では大きく4つの段階に分けられているが，最初の反射的な運動段階は不随意な運動がほとんどであり，運動経験云々で議論する内容ではないように思う。また，2つ目の初歩的な運動段階では，随意的な運動は見られてくるものの，二足歩行や手を伸ばす動作など，いわゆる運動やスポーツの前の段階であり，ヒトが生きていくうえでの最低限の運動ともいえる。本書が主にターゲットとする，幼児期や児童生徒期に関していえば，第3の基礎的な運動の段階と第4の専門的な運動の段階が該当する。特に，第3の基礎的な運動の段階は，幼少年期における動きの多様化とも密接に関係するため，この段階で経験，習得すべ

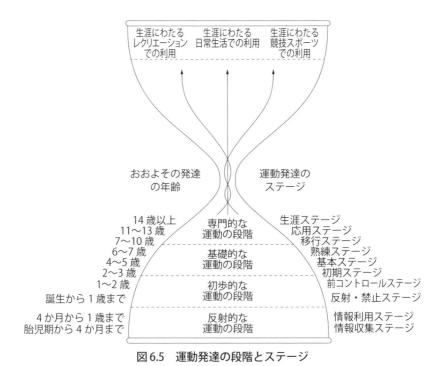

図6.5　運動発達の段階とステージ

（出所）ガラヒュー（1999）p.69 より作成

図6.6　幼児期に経験する基本的な動きの例

（出所）文部科学省（2012）p.9

き動作を正しく理解しておくことが重要になるであろう。

　幼少期に経験すべき基本的な動作に関しては，細分化すれば100を越える
ような分類もある一方で30前後の基本的な動作として示しているものも多
く見られる。ここでは，2012年に文部科学省が発行した幼児期運動指針の
中で紹介されている28の動作を紹介する。**図6.6**がその動作の一覧である。
幼児期の指針ではあるが，児童期になってもヒトの運動の基本となる動きに
大きな変わりはない。しいて言うならば，これらの動きが複合的になったり，
より専門的なスポーツに特化した形になったりと複雑でかつ目的に見合った
特殊な動きへ変わっていくだけである。これこそが第4の段階，専門的な運
動の段階である。このように考えると，**図6.6**に示した運動動作を幼児期，
遅くとも児童期前半ぐらいまでに着実に経験させることが重要であるといえ
る。しかし，現代の子どもたちにおいては，小さい頃にこれらの運動動作を
経験せずに成長してしまうケースが増えていると言われている。そのために，
不器用であったり，動きの応用性が低かったりする子どもたちが中学生頃に
おいても多く見られている。多様な動きの経験を重視し，少しでも多く繰り
返させてあげることの重要性を，小さな子どもたちの教育に携わる人たちは

決して忘れてはならない。

4. 運動遊びの重要性

　前項までででは幼少期の運動経験がいかに重要であり，その後の運動発達の鍵となるかを示してきた。一方で，この時期における「**遊びとしての運動**」の重要性を理解しておきたい。運動は体力向上や人間形成，精神的な成長など，運動を通してさまざまな効果を期待することができるのと同時に，運動すること自体が本人の意欲や向上心といった欲求，つまりは内発的な動機を満たすものになっていることがある。杉原（2014）は前者を運動手段論，後者を運動目的論と記し，遊びとしての運動は後者に該当すると述べている。おそらく前者だけを追求した運動促進では，継続的に子どもたちに運動を実施させることができるかというと疑問が残る。その意味で，小さい頃は遊びとしての運動を追求することで，子どもたちがより継続的に運動に親しむことを期待できるものと考えられる。もちろん，大人がダイエットや健康増進のために運動することがあるように，外発的な動機づけによる，いわゆる運動手段論に基づく運動実施も多くの効果を有している。この点は，子どもにおける体力向上や人間形成，精神的な成長においても同様である。しかし，子どもたちは大人に比べると体力向上や人間形成を目指して運動をするなどというように頭で理解することは難しいし，おそらく，そんなことは考えていない。つまり，教育者や指導者は，これらの効果も理解しておく必要があるが，子どもたち自身に対しては，内発的動機につながる楽しさや有能感を追求した遊びとしての運動を展開する方が重要である。杉原（2014）は，遊びとしての運動において重要な要素は自己決定と有能さの追求であると述べている。つまり，子ども自身が自ら取り組み，工夫し，有能感を得ていくような指導が重要であり，そのためには，子どもの中に潜む動機を見抜き，それを達成できるように援助することが遊びとしての運動指導の最も重要な点であると示している。

第3節　乳幼児期の運動発達

　子どもの運動発達の過程や重視される運動動作に関しては，すでに第2節の3.で示している。そこで，第3節と第4節では乳幼児期と児童期にわけて，いくつかの典型的な運動動作を例に，より具体的な運動発達の特徴を示す。

1. 乳児期の運動発達

　新生児から乳児期の前半における運動発達の特徴としては反射運動の出現が挙げられる。反射運動は不随意運動であり，大きく分けて原始反射と姿勢反射がある。原始反射はモロー反射，把握反射，哺乳反射などである。姿勢反射は身体の姿勢やバランスを調整，保持するための反射であり，原始反射と違い一度獲得すると消失することがない。パラシュート反射や立ち直り反射などがある。これらの運動発達の後，徐々に随意運動が現れてくる。その代表が二足歩行とリーチングと呼ばれる，手を伸ばして何かをつかもうとする運動である。歩行動作は系統発生的な運動発達であり，首がすわる，一人で座る，ハイハイをする，つかまり立ちをする，などが順序性をもって発生し，15か月頃までには多くの子どもが一人で歩けるようになる。リーチングは，目標物に対して手を伸ばし触れようとする運動であり，目と手の協応が必要である。最初は，遠回りなリーチング動作が見られるが，徐々に直線的なリーチングが見られ，7〜8か月頃にはしっかりとした把握動作もできるようになる。

　これらの運動発達は中心から末梢へという発達の方向性を有している。また，随意運動の多くは，経験や環境によって発達の程度も異なってくることがわかっている。つまり，運動発達は遺伝のみによって決定するわけではなく，経験や環境の影響が大きく関係しているといえる。

2. 幼児期の運動発達

　3〜4歳頃は，基本的な動作が未熟であり，動き全体の調和がとれていな

表6.1　幼児期に推奨される運動動作

年齢	推奨される動き	運動動作の例
3～4歳頃 （年少）	体のバランスをとる動き	立つ，座る，起きる，回る，転がる，渡る
	体を移動する動き	歩く，走る，跳ぶ，登る，這う，よける
4～5歳頃 （年中）	体全体でリズムとる動き	縄跳び，ボールつき，リズム遊び
	用具を操作する動き	持つ，投げる，捕る，転がす，蹴る，回す
5～6歳頃 （年長）	基本的な動きを組み合わせる動き	ドリブル，竹馬，ダイビングキャッチ，走り幅跳び
	力試しの動き	棒引き（ロープ引き），大根抜き，相撲遊び

い様子が目立つ。しかし，さまざまな運動動作の経験を経て，子どもたちの身体感覚は高まっていく。その結果バランスや姿勢保持などの能力が高まり，徐々に巧みな動きを獲得していく。特に，この時期は「体のバランスをとる動き」や「体を移動する動き」の経験が有効である。代表的な運動動作としては，立つ，起きる，転がる，渡る，歩く，走る，跳ぶ，などである。

　次に，4～5歳頃では，より巧みな動きが見られるようになり，力の加減やタイミングをコントロールした調和のとれた動きができるようになっていく。また，ルールの理解や友達との関わり，憧れや羨望の感情が見られるようになるため，模倣による運動発達が有効な時期である。そのため，良い動きを見せることや，異学年，特に年上との交流は，この時期の子どもたちの運動発達に良い影響を及ぼすと考えられる。運動動作の側面では，縄跳びやボール遊びなどの「体全体でリズムをとる動き」，持つ，投げる，捕る，蹴るなど，ボール等を活用した「用具を操作する動き」が推奨される。

　5～6歳頃では，無駄な動きや過剰な動きが少なくなり，より洗練された基本動作を獲得していく。また，これまでに獲得した基本動作を組み合わせた複合的な動きを徐々に獲得していく。さらに，これまでのイメージや集団での運動の中での良いイメージなどをもとに動きを繰り返すことで，動作の再現性が高まることが期待できる。集団での運動遊びやルールのある運動遊びが増える時期でもあり，動きの協調や空間的なコントロール能力，動きを切り替える能力などの発達も期待できる。推奨される運動としては，ドリブル走や竹馬，ダイビングキャッチなどの「基本的な動きを組み合わせる動き」，

棒引き（ロープ引き）や大根抜きなどの「力試しの動き」，そして，ボールやフラフープ，縄などを使った「用具を操作する動き」の運動遊びである。

第4節　児童期以降の運動発達

1. 児童期の運動発達

　児童期の前半は，これまでに示してきた通り神経系の発達が依然として著しい時期である。そのため，幼児期後半同様に多くの運動動作の経験を優先すべきである。巧みに動ける，いわゆる運動神経の良さは，この時期に培われると考えてよい。一方で，筋力や体格的な大きさの発育発達のピークはもう少し先になるため，これらの要素の改善を目的とした運動実施は効果的とはいえない。

　小学校の学習指導要領を見ると，低学年では運動遊びが中心である。体つくりや表現リズム，水遊びなどの運動遊びを展開することで，子どもたちの運動神経回路は，より多く形成されていく。中学年は，徐々に遊びの段階を脱し，運動動作としての洗練化を目指すべきであろう。学校体育以外でもシーズンスポーツやアウトドアスポーツを体験することなどを通して，より多くの運動機能発達を狙う。いわゆる**ゴールデンエイジ**に近い世代であり，その後の専門化の過程に向けて，少しでも選択肢を多くしてあげられるような働きかけが重要になると思われる。一方で，この頃は運動の好き嫌いや苦手得意といった意識が明確になってくる時期であり，二極化現象が顕著になってくることも理解したうえで指導にあたるべきである。最後に，高学年では高度な動きや複雑な動き，テクニックを磨くことが可能になるのと同時に，心肺機能の発達が見られてくる時期である。そのため，持久的な能力に関連した運動発達が徐々に期待できるようになる。また，教育現場においては，健康や生活といった保健的な内容と運動との関連にも触れていくべき時期である。

　以上のように，児童期は低・中学年では動きの経験と洗練化を重視し，二

極化しないような配慮が大切である。そして，高学年では徐々に専門化した
スポーツへの準備や持久力などの敏感期を迎える体力要素への働きかけをす
るのと同時に，健康との関連を学習していくべきである。

2. 青年期の運動発達

　青年期は本書の主なターゲットではないため簡潔に運動発達の特徴のみを
示す。青年期は，体力・運動能力が明確に分化する時期であるため，特定の
スポーツやそれに必要な体力を高めていける時期と考えられる。特に，筋力
や，瞬発力の大幅な発達が期待できる。いわゆる体力トレーニングの敏感期
である。これらのことからも，幼児期から児童期頃までは過度に専門化した
スポーツをするのではなく，より多くの運動を経験する方が，将来の運動発
達に有効であるといえる。近年では，一流スポーツ選手の多くも，そのよう
な運動経験を有するケースが増えてきている。青年期以降は自らの嗜好や適
性にあったスポーツへと専門化させていくことが大切である。

[中野　貴博]

● **考えてみよう！**

▶ 児童期の子どもたちが良好な運動発達をできるように心がけるべきことを，
低学年，中学年，高学年にわけてまとめてみよう。

▶ あなたが小学校で体育主任になったつもりで，学校全体の年間の運動促進，
体力向上の計画を立ててみよう。

● **引用・参考文献**

ガラヒュー，D. L.　杉原隆（監訳）（1999）．幼少年期の体育　大修館書店．（原著
　　（第3版），1996年）

文部科学省（2012）．幼児期運動指針ガイドブック　毎日，楽しく体を動かすために
　　（p.9）文部科学省．

中村和彦・武永理栄・川路昌寛（2011）．観察的評価法による幼児の基本的動作様
　　式発達　発育発達研究，51，1-18．

中野貴博（2018）．幼少年期の運動遊びの現状と指導上の配慮　幼少年体育指導士
　会（編）　幼少年のために運動遊び・体育指導（pp.72-83）　杏林書院.

Scammon, R. E.（1930）. The measurement of the Body in Childhood. In Harris, J.
　A. et al.（Eds.）, *The measurement of man*. University of Minnesota Press.

杉原隆（2014）．遊びとしての運動の重要性　杉原隆・河邉貴子（編著）幼児期にお
　ける運動発達と運動遊びの指導（pp.31-43）ミネルヴァ書房.

高石昌弘・宮下充正（編）（1977）．スポーツと年齢　大修館書店.

▶ ゴールデンエイジ

　子どもたちの運動発達を考える際によく使われる言葉に「ゴールデンエイジ」という言葉がある。我が国ではサッカー指導の分野で使われ始めた用語，理論といわれている。ゴールデンエイジとは広義には3〜14歳頃の時期を指し，人がさまざまな運動技能や運動感覚を獲得するのに最も適した時期と考えられている。実はゴールデンエイジは大きく3つに細分化することができる。プレ・ゴールデンエイジ，ゴールデンエイジ，ポスト・ゴールデンエイジの3つである。具体的には3〜8歳頃がプレ・ゴールデンエイジ，9〜12歳頃がゴールデンエイジ，13〜14歳頃がポスト・ゴールデンエイジと呼ばれている。

　まず，プレ・ゴールデンエイジであるが，この時期は神経系や動作の発達が一生の中で最も顕著な時期である。このことは第6章の本文中でも示したとおりである。最近では，いわゆるゴールデンエイジの時期よりも，プレ・ゴールデンエイジの方が運動発達には大切な時期であるとさえいわれている。少しでも多くの運動や動作を経験させることが大切で，一つの動きやスポーツばかりをするよりも，いろんな動きの経験をさせることが，次に来るゴールデンエイジを最高の時期とするために重要になる。そして，ゴールデンエイジでは，より多くの，徐々に専門化した複雑な動きをどんどん身につけていくことができる。この時期は，別名「即座の習得」の時期などともいわれ，今までできなかった動きや目で見た動きが突然できるようになったり，短い時間で即座に習得できたりすることが期待できる，一生においても極めて貴重な時期である。

　最後に，ポスト・ゴールデンエイジだが，この頃になると神経系の発達が多くは望めない時期になるため，それまでに比べると運動動作獲得には適さない時期になる。一方で，身体が大きくなり始める時期でもあり，トレーニングの面では最大筋力を高めるようなトレーニングの導入が有効になってくる時期である。それに伴いスピードやパワーを高めるトレーニングも有効になる。発育発達の特性を理解しながら，適したトレーニングに重点を置いて実施することが望ましい。

　このようにゴールデンエイジの中でも細かな違いがあり，本当の意味でのゴールデンエイジとなるような取り組みを日々，積み重ねていきたい。最近は，社会の利便化が進んだことで，体力があまりなかったり，少々，不器用であったりしても問題ないのかもしれない。しかし，子どもたちには生来，運動欲求があることを忘れずに，少しでも良い運動環境を提供していきたいものである。

[中野　貴博]

第7章

知能と学力

───● **本章のねらい** ●───

　頭が良いとはどういうことか。学校ではどんな力を伸ばすのか。本章では，知能の測定法と知能理論（構成要素）の発展について理解するとともに，時代の要請を受けて変化する学力の概念とその評価について学ぶ。

第1節　知能

　知能とは，生物における高次の心的機能を指す語である。心理学における知能の定義には，大別して，抽象的思考力，学習能力，環境への適応能力の3タイプがあった。現在では，社会的能力・対人的能力を含むとする考え方もある。知能研究の歴史は，人間の知能をどのように定義し，何をもって測定すればよいかを探究する研究の積み重ねだったといえる（大六・前川，2013；子安，2011）。

1. 知能の測定

　現在使われている知能検査の基盤を築いたのは，フランスのビネー（Alfred Binet）である。20世紀の初め，ビネーとシモン（Theodore Simon）は，知的な遅れにより学校適応が困難な子どもを選抜する目的で，判断，理解，推理

といった知的課題を整理し，その達成度に応じて知的発達を数量化する方法を考案した。困難度順に並べたさまざまな問題の通過率により，対象者が，3歳から13歳までのどの年齢段階に相当するかという精神年齢を決定し，知能の指標としたのである。

　ビネーテストで測定される精神年齢が同じでも，子どもの実年齢が異なることをどう捉えればよいのか。これについて，シュテルン（William Stern）は，精神年齢と実年齢の比率に注目する考え方を発表した（なお，「精神年齢」の用語も，シュテルンによるものである）。これが後に，知能の個人差を示す指標である知能指数として実用化されたのである。

　1916年にアメリカで，スタンフォード＝ビネー知能検査が開発された。検査結果の表示で用いられたのが知能指数（intelligence quotient：IQ）である。IQは，精神年齢を生活年齢（実年齢）で除して100倍したものであり，比率IQと呼ばれる。作成者のターマン（Lewis Madison Terman）は，知能をさまざまな知的機能の複合体として捉え，抽象的に思考する能力において最もよく現れるものと考えた。ビネー式の検査は，総合的知能の測定に主眼をおくものといえ，その後各国で標準化された。日本では，「田中ビネー知能検査」などが開発・使用されている。

　アメリカでウェクスラー（David Wechsler）が開発した検査では，偏差IQである知能偏差値を採用した。検査結果が，特定の年齢集団において平均100，標準偏差15の正規分布となるよう標準化され，その年齢集団の中での相対的な位置づけが示される。

　ウェクスラー式知能検査は，成人を対象としたWAISの他，児童用のWISC，幼児用のWPPSIが開発されている。共通する特徴は，知能の多面性を扱う診断性の検査であること，特に個人内の能力のプロフィールから，個人内差を明らかにできることである。ウェクスラー式検査では従来，言語性知能と動作性知能のそれぞれの指標が産出されてきたが，WISCの第4版以降ではこの2指標は廃止された（上野ら，2015）。WISC-IVでは全検査IQ（FSIQ）のほか，言語理解，知覚推理，ワーキングメモリ，処理速度の4つの指標得点が，WISC-Vでは知覚推理に替わって空間視覚と流動性推理の2

つを加えた5つの主要指標得点が算出される。加えて，各下位検査も平均を揃えた評価点として尺度化されている。

　ビネー式，ウェクスラー式の知能検査は，検査者が被検査者に一対一で実施する**個別式検査**である。知能検査にはこの他に，集団に対して一斉に実施する集団式検査があり，学校では実施や採点の容易な**集団式検査**が用いられることが多い。京大NX知能検査はその一例であり，全体的な知能指数と，数・空間・言語の各因子に分かれたプロフィールが算出される。集団式検査は，短時間で大人数を対象に利用できる利点はあるものの，筆答法によるため，言語能力が低い者に対しては実施が困難，意欲を含めた被検査者の取り組みの質的な様相を把握できない，等の限界がある。

　したがって，さまざまな学習ニーズをもつ子どもへの支援に向けた基礎資料を収集する**心理アセスメント**では，個別式検査，特に能力のプロフィールにより知的発達の偏りを明らかにできる検査が用いられる。複数の知能検査を組み合わせることもある。被検査者の年齢や発達の程度によっては，同じく個別で実施する発達検査を利用する場合もある。各知能検査が測定する能力は，作成者が依拠する知能観・知能理論を反映したものであり，同じ検査でも改訂により少しずつ変化している。心理アセスメントを計画する際には，各検査の背景理論等を理解し，適切な検査を選択する必要がある。

2. 知能の構成要素と知能理論

　知能がどのような構成要素から成り立つのかの分析は，計量心理学，特に因子分析に基づく知能検査の研究により発展した（大六・前川，2013）。以下，代表的な知能理論に絞って紹介する。

　スピアマン（Charles Edward Spearman）による知能の二因子説は，知能を，個人の全般的な能力水準を示す一般知能（g因子，一般知能因子gとも）と課題に固有の特殊因子に分ける見解である。それに対してサーストン（Louis Leon Thurstone）の多因子説は，一般知能を含まない7つの因子—言語理解，語の流暢性，数能力，空間関係，記憶，知覚速度，推理—から知能が構成されるとするものであった。

　またキャッテル（Raymond Cattell）は，知能を，情報処理能力の正確さと速さに関わる流動性知能と，教育や文化などの影響を受け経験とともに蓄積・熟成される結晶性知能の2つに大別した。流動性知能は，新しいことの学習や，新しい環境への適応に関わる能力であり，青年期をピークに低下する。それに対し，言葉の意味理解や運用能力，一般常識などに代表される結晶性知能は，加齢による低下が起こりにくいとされる（髙山，2014）。この理論はその後，最上層に一般因子 g を，第2層に広範能力，第3層に限定能力を置く3つの階層構造に整理された。**CHC（Cattell-Horn-Carroll）理論**と呼ばれるもので，g 因子と多因子説を統合した，知能の因子分析研究の集大成といえる。WISC-IV をはじめ，現在の知能検査，認知検査の多くは，CHC 理論から多大な影響を受けている（上野ほか，2015）。

　最近の知能研究は，計量心理学に依拠しない新しい展開を見せている。知能検査は，基本的には学業に関わる能力を中心に測定してきた。こういった知能検査をベースとした，従来の狭い知能観に異議を唱え，知能をより実践的・多面的に捉えるべきだと考える理論が提唱されたのである。

　ガードナー（Howard Gardner）は，人間は相互に独立な複数の知能を有していると考えた。彼の**多重知能理論**では，言語，数学，空間といった知能に加え，音楽的知能，身体運動的知能のほか，他人の気持ちを理解し適切な対応が取れる対人的知能，自分の感情や行動をコントロールできる個人内知能などを，知能として取り上げた（ガードナー，2001）。

　スタンバーグ（Robert J. Sternberg）もまた，既存の理論が取り上げなかった知能の領域を追究した。彼が提唱した**サクセスフル知能理論**（スタンバーグ，1998：Sternberg，2004）では，各人が人生の目標を達成するための知能を重視し，以下の3種類をその3本柱とした。①分析的知能（問題の状況や本質を適切に把握する），②創造的知能（問題を新たに捉え直し思考を形成する），③実践的知能（思考とそれに対する分析を日常生活において具体的に活用していく能力。社会的知能も含む），である。これに先立つ知能理論は，知能の鼎立理論，三部理論などと訳され，コンポーネント理論，経験理論，文脈理論の下位理論を含む（Sternberg，1985）。このうちコンポーネント理論は，知的行動の基礎

となる情報処理過程を明らかにするもので，分析的知能の理論とされる。この下位理論では，次の3種類のコンポーネントを区別した。情報処理のモニター，コントロール，および評価にかかわるメタ・コンポーネント，メタ・コンポーネントが生成した方略に従い，推論や比較などの情報処理を実行するパフォーマンス・コンポーネント，知識の習得や貯蔵にかかわる知識獲得コンポーネントである。そしてスタンバーグは，知能におけるメタ・コンポーネントの役割を重要視した。

3. これからの知能理論に向けて

　記憶研究の分野では，情報の保持と能動的な処理を同時に行うシステムである**ワーキングメモリ**の個人差が，認知課題の遂行や学業成績と関連していることが報告されてきた (湯澤・湯澤, 2014)。前述したように，第4版 (WISC－Ⅳ) 以降のウェクスラー検査では，ワーキングメモリのアセスメントを強化し，指標得点のひとつに設定した他，K-ABC など他の知能検査でも，記憶を測定する下位課題が含まれる。しかし，知能検査の下位課題で，ワーキングメモリの全側面を精緻に測定できるわけではない。ただし，学業成績を予測する要因として，ワーキングメモリと IQ が，どのような関係にあるのかについては，さらなる検討を待つ必要がある。

　自身の知的能力を発揮し，認知活動をうまく遂行するためには，認知活動のモニタリングやコントロールを司る**メタ認知**の働きが欠かせない。では，メタ認知は知能に含まれる機能なのだろうか。スタンバーグらは，知能に関する研究を概観した論考において，知能が，基礎的な認知過程の効率に加えて，メタ認知的コントロールや認知機能の柔軟さとも関連することを示し，メタ認知を含むものと結論づけた (Pretz & Sternberg, 2005)。知能は，課題を速く処理するなどの，単なる優れた認知能力ではなく，認知能力を適応的に活用する能力だと捉えているのである。

　社会の変化とともに，人に求められる能力が，いわゆる学業知能を越えたものに変化している。次節では学力の観点からこの点を検討する。

第 2 節　学力

1. 学力とは

　学力もまた，一義的に定義することが困難な概念である。狭義の学力は「学校教育を通じて獲得・達成されたと考えられる知識・技能などの能力」と定義される。学習者が身につけた教科内容（知識や技能）の達成度は，テストなどの課題によって測定される。従来の教育心理学では，こうした教科学力のテスト得点と，知能検査結果やパーソナリティ，達成目標などの指標との関連が検討されてきた（楠見，2018）。学校教育法が規定する学力の 3 要素はこれより広義で，①基礎的な知識・技能の習得とともに，②これらを活用して課題を解決するための思考力・判断力・表現力，③主体的に学習に取り組む態度，を含み，これら 3 つのバランスの取れた育成を，教育目標として示している（山森，2013）。こうした広義の学力は，ペーパーテストだけでは測定が難しく，後述するパフォーマンス評価，授業場面での観察などを含めた多次元的な評価が必要である。

　国際的な学力調査の代表例は，国際教育到達度評価学会（IEA）による国際数学・理科教育動向調査（TIMSS）と，経済協力開発機構（OECD）による国際学習到達度調査（PISA）である（日本理科教育学会，2012）。TIMSS は小学 4 年生と中学 2 年生を対象に行う調査であり，初等中等教育段階における児童生徒の算数・数学，理科の教育到達度を国際的な尺度によって測定し，児童生徒の学習環境等との関係を明らかにすることを目的としている。

　PISA の結果は世界各国の教育政策に大きな影響を与えてきた。たとえば 2003 年調査の結果を受け，日本やドイツなどにおいて，教育の大きな転換が図られたことは，その代表的な事例といえる。PISA は，義務教育終了段階の 15 歳児が，獲得した知識や技能を，実生活のさまざまな場面でどれだけ活用できるかを，読解力，数学的リテラシー，科学的リテラシーの 3 分野に分けて調査する。知識の活用を主眼とし，たとえば読解力は，「自らの目標を達成し，自らの知識と可能性を発達させ，効果的に社会に参加するため

に，書かれたテキストを理解し，利用し，熟考し，これに取り組む能力」と
定義され，「情報へのアクセス・取り出し」「統合・解釈」「熟考・評価」の
3側面からなる。科学的リテラシーでは，能力，知識，態度の3側面を設定し，
たとえば科学的能力としては，「科学的な疑問を認識する」「現象を科学的に
説明する」「科学的な証拠を用いる」ことを，科学的知識では「科学の知識」
と「科学についての知識」を挙げた（国立教育政策研究所，2010）。各リテラ
シーの調査は，多肢選択式および自由記述式等の問題から構成され，実生活
で遭遇するような状況を説明する文章等に基づいて解答するものとなってい
る。

2. 資質・能力の教育

　リテラシーとは，元々は読み書き能力を意味する。しかしながら，社会の
複雑化に伴い，人々が従事するリテラシー活動は大きく変化した。現在の知
識基盤型社会では，情報化の進展に伴い，単に知識を覚えていることより，
調べたことを使って考え，情報や知識をまとめて新しい考えを生み出す力が
重要視されている。加えて，市民が主体となって，グローバル社会に山積す
る，複雑で世界規模の問題に取り組み，多様な他者と協同して，新しい考え
や価値観を生み出すことが求められている。したがって，仕事をこなし，生
活を豊かにしていくために必要なリテラシーの水準は，かつてより高くなり，
機能的リテラシーを土台にした高次リテラシーが定義されるようになった。
なかでも，読解や科学・数学の領域別リテラシー，メディアやICTのリテ
ラシー，クリティカルシンキング等は，民主主義社会を支える市民がもつべ
き市民リテラシーとされる（楠見，2018）。

　多くの先進国が，産業基盤の経済から，情報基盤の経済に変化していくな
か，教育制度もその変化にこたえるべきだとの認識がなされるようになった
（グリフィンら，2014）。現在，世界各国で，**コンピテンシー**（資質・能力）の
教育が始まっている。たとえば，OECDのプロジェクトが提唱した「キー・
コンピテンシー」は，社会・文化的および技術的道具を相互作用的に活用す
る能力，多様な社会集団における人間関係形成能力，自律的に行動する能力

の 3 つのカテゴリーから構成される (ライチェン＆サルガニク，2006)。また，「21 世紀型スキル」では，思考の方法，働くためのツールなど 4 つのカテゴリーに，クリティカルシンキング，メタ認知，コミュニケーション，情報リテラシーなど計 10 個のスキルが定義されている (グリフィンら，2014)。OECD ならびに諸外国のカリキュラムが取り上げた資質・能力目標の内容は，言語や数，情報を扱う「基礎的リテラシー」，思考力や学び方の学びを中心とする「認知スキル」，社会集団における人間関係形成やその中での自立に関わる「社会スキル」の 3 つに大別できる (国立教育政策研究所，2016)。

　こういった世界的潮流と呼応し，日本の学習指導要領でも，生きて働く「知識・技能」の習得，未知の状況にも対応できる「思考力・判断力・表現力等」の育成，「学びに向かう力・人間性等」の涵養を，新しい時代に必要となる資質・能力の 3 つの柱として位置づけた (文部科学省，2017)。そして，各教科等の目標や内容を，資質・能力の 3 つの柱で再整理するともに，学習状況を評価する観点を，小・中・高等学校の各教科を通じて，「知識・技能」「思考・判断・表現」「主体的に学習に取り組む態度」の 3 観点にまとめた。また，具体的な評価方法として，ペーパーテストにとどまらず，**パフォーマンス評価**などの多様な方法を適切に取り入れた，多面的・多角的な評価を求めている (文部科学省，2019)。学校教育で育成する力を，「学力」の語でまとめることが困難な時代となった。

3. 資質・能力をどう測定するか

　客観式項目による学力テストには，従来から，記憶した個別の知識しか測定できないのではとの根強い批判があった。また，いわゆるペーパーテストでは，実際の社会生活で必要とされる能力は測れないという批判も，しばしばなされてきた。

　このような批判から，評価の「**真正性 (authenticity)**」を重視すべきだとの主張が生まれ，そのような評価を可能にするものとして，現実場面に近い文脈で，さまざまな知識や技能を総合的に活用して取り組むパフォーマンス課題が重視されるようになった。パフォーマンス課題の開発に当たっては，

現実に即した設定となっているか，表面的・断片的な知識だけでは解決できず，現実場面で求められる知識やスキル，判断力を要する課題となっているか，等の観点から慎重に吟味する必要がある（南風原，2015；松下，2010）。

　また，パフォーマンス課題が「真正の評価」として機能するためには，その評価の基準が明確なものとなっていなければならない。したがってパフォーマンスの評価では，課題の開発と並行して，**ルーブリック**と呼ばれる採点基準を作成することが必要となる。ルーブリックとは，パフォーマンスの水準と評価点または段階を対応づけることを目的とし，成功の度合いを示す数値的な尺度と，それぞれの尺度に見られる認識や行為の特徴を示した記述語からなる評価基準表（田中，2003）である。「課題別評価基準」のほか，「一般評価基準」を示すルーブリックも作られる。ルーブリックの信頼性を高めるためには，完成したルーブリックの再検討や改訂，相互検討にあたるモデレーションの作業が必須である（松下，2010）。

　思考力・表現力に代表される汎用的な認知能力については，従来から〈見えにくい学力〉と位置づけられ，その育成や評価の方法の不明確さや難しさが指摘されてきた。上記のような，評価の信頼性と妥当性を高めるための工夫が，教育現場で共有されることが必要である。また，「学びに向かう力」の目標は，メタ認知や自己調整などの心理学的概念と関連づけて説明されることが多い（文部科学省，2015）。評価の妥当性等を高めるにあたり，学習のメタ認知や自己調整を扱う心理学研究の方法論が参考になるだろう。

　資質・能力の育成を重視するコンピテンシー・ベースの教育は，従来のコンテンツ（内容）ベースの教育と対比的に捉えられることも少なくない。しかし学習科学の実践者たちは，教科内容の知識・技能と，ソフトスキルであるコンピテンシーとを同時並行的に育てる，知識創出の教育実践を展開している（Sawyer, 2014）。日本でも，たとえば理科教育において，思考の仕方とその内容（科学の知識）を分離せずに教授する実践研究が行われている（本章のコラム参照）。資質・能力の獲得は，日本を含めた各国において，知的エリートに限らず，すべての人に求める目標だと位置づけられている。知識基盤型社会を生き抜く子どもを育てるために，教師と子どもたちがともに学びあ

い，高めあう教育環境の実現が期待される。

［坂本　美紀］

● **考えてみよう！**

▶ 学業成績に影響する内的・外的要因として，知能の他にどんなものが想定されるか，できるだけたくさん探してみよう。
▶ 自身の得意な内容（趣味や家事，仕事など）を対象に，パフォーマンス課題と評価のルーブリックを考案しよう。

● **引用・参考文献**

大六一志・前川久男（2013）．知能　藤永保（監修）　最新心理学事典（pp. 518-521）　平凡社.

ガードナー，H.　松村暢隆（訳）（2001）．MI：個性を生かす多重知能の理論　新曜社.（原著，1999 年）

グリフィン，P.・マクゴー，B.・ケア，E.（編）　三宅なほみ（監訳）（2014）．21 世紀型スキル：学びと評価の新たなかたち　北大路書房.（原著，2012 年）

南風原朝和（2015）．教育評価の方法　子安増生・田中俊也・南風原朝和・伊東裕司　教育心理学［第 3 版］（pp. 117-200）　有斐閣.

国立教育政策研究所（2010）．生きるための知識と技能 4—OECD 生徒の学習到達度調査（PISA）2009 年調査国際結果報告書　明石書店.

国立教育政策研究所（2016）．国研ライブラリー　資質・能力［理論編］　東洋館出版社.

子安増生（2011）．知能　京都大学心理学連合（編）　心理学概論（pp. 183-189）　ナカニシヤ出版.

楠見孝（2018）．学力と汎用的能力の育成　楠見孝（編）　教職教養講座　教育心理学（pp. 7-24）　協同出版.

松下佳代（編）（2010）“新しい能力”は教育を変えるか—学力・リテラシー・コンピテンシー——（pp. 251-280）　ミネルヴァ書房.

文部科学省・中央教育審議会（2019）．児童生徒の学習評価の在り方について（報告）　文部科学省 HP.

文部科学省・中央教育審議会（2017）．幼稚園教育要領，小・中学校学習指導要領等の改訂のポイント　文部科学省 HP.

文部科学省・中央教育審議会（2015）．新しい学習指導要領等が目指す姿　文部科

学省 HP.

日本理科教育学会（2012）．今こそ理科の学力を問う　東洋館出版社.

Pretz, J. E., & Sternberg, R. J.（2005）. Unifying the field: Cognition and intelligence. In R. J. Sternberg & J. E. Pretz（eds.）, *Cognition and intelligence*（pp. 306-318）. New York: Cambridge University Press.

ライチェン，D. S.・サルガニク，K. H.（編）　立田慶（監訳）（2006）．キー・コンピテンシー：国際標準の学力を目指して　明石書店.（原著，2003 年）

Sawyer, R. K.（Eds.）（2014）. *The Cambridge Handbook of the Learning Sciences*（*2nd edition*）. New York: Cambridge University Press.

Sternberg, R. J.（1985）. *Beyond IQ: A triarchic theory of human intelligence*. New York: Cambridge University Press.

スタンバーグ，R. J.　小此木啓吾・遠藤公美恵（訳）（1998）．知脳革命―ストレスを超え実りある人生へ―　潮出版社.（原著，1996 年）

Sternberg, R. J.（2004）North American approaches to intelligence. In R. J. Sternberg（ed.）, *International handbook of intelligence*（pp. 411-444）. New York: Cambridge University Press.

髙山緑（2014）．英知を磨く　佐藤眞一・髙山緑・増本康平　老いのこころ―加齢と成熟の発達心理学―（pp. 105-123）　有斐閣.

田中耕治（2003）．教育評価の未来を拓く　ミネルヴァ書房

上野一彦・松田修・小林玄・木下智子（2015）．日本版 WISC-IV による発達障害のアセスメント　日本文化科学社.

山森光陽（2013）．学力　藤永保（監修）　最新心理学事典（pp.67-68）　平凡社.

湯澤正通・湯澤美紀（2014）．ワーキングメモリと教育　北大路書房.

▶ 思考力・表現力を育てる理科授業の実践例

　Doing science, Doing mathematics という言葉を聞いたことがあるだろうか。たとえば前者は理科教育の言葉である。科学者が辿るプロセスをまねた形で、児童生徒に科学的探究を行わせる教育実践が、近年、急速に広まった。科学的探究とは、仮説を設定し、観察や実験を計画・実施するとともに、得られたデータを分析し、説明を構築するプロセスである。こういった科学的探究の体験を通して、子どもたちは、科学的知識を学びつつ、科学的な思考力や表現力を伸ばすことができるのである。

　科学的思考の表現としての科学的説明で、説得力を高めるためには、証拠に基づく論証を行うことが必要である。課題の答えである主張について、証拠となるデータや事実を挙げ、科学的原理に基づいて、その証拠が主張の裏付けになる理由を述べるのである。日本の学校教育では、各教科で言語活動の充実が求められている。しかし、科学的概念を用いた説明活動を促すだけでは、証拠や科学的原理を用いた科学的説明は構築されづらい。

　先行研究が示した教授方略は「説明・論証の意義を理解させる」「論証構造を利用させる」「内容知識の利用を促す」の3点に集約できる。これらを参考に、私たちの研究チームは、実験を通して科学的原理を発見する理科授業に科学的説明の練習を組みこんだ授業実践を、小学校高学年を対象に実施してきた。最初に、科学的説明の型となる論証構造を説明したうえで、児童実験の結果などを用いて科学的説明を構成させ、友達同士やクラスでの相互評価を経て、説明を改訂する練習を、複数回繰り返すのである。授業実践の開発にあたっては、教授方略に即して、次のような学習活動を設定した。図などを用いて論証構造を視覚的に説明する、日常事例と関連づける、説明練習のワークシートを、主張・証拠・理由づけといった論証構造の要素を分割して記述するレイアウトで作成する、良い説明の基準や例を提示して、他者の科学的説明を評価させる、等である。今までに、①主張と証拠を科学的原理で結びつける説明、②複数の証拠を利用する説明、③複数の科学的原理（理由）を用いる説明、④反論を含む説明の4つのバリエーションを対象に、計4つの単元で協調学習の授業を開発した。授業効果の検証では、子どもたちが、科学的な内容知識と科学的説明の双方を、ほぼ問題なく獲得できたことが示された。

　思考の仕方と内容知識をともに育成する授業実践が、今後、他の単元や他の教科でも、増加していくことを期待する。　　　　　　　　　　[坂本 美紀]

第8章

学習理論

━━●　本章のねらい　●━━

　教育の世界では大きな変革の波が起こり，アクティブラーニングへの転換など，教師にはこれまでの授業を見直すことが求められている。そのため，教師はどうやって授業をやるかということに苦心をするが，見失ってはいけないのは，いかに生徒が学ぶかに焦点を当てることである。授業を通して子どもは何を学んだのか。その視点こそが大切である。では，そもそも学習とはどう成立するものなのか。これをあらためて考え直すのが本章の目的である。

第1節　学習とは

　学習はどのように成立するか。これを考える前に，そもそも学習とは何かについて確認しておきたい。

　大学生に「学習と聞いて真っ先にイメージするのは？」という質問をすると，「子どもが机に向かって勉強をしているところ」といった回答をする人が多い。本書の読者もそうであろうが，教職課程を履修する学生にとって「学習」をいわゆる「勉強」のイメージで捉えることが多いのは当然であろう。確かに「勉強」は学習の一部である。しかし，教育に携わるものとして，「勉強」によって獲得された知識や技能のみを学習の成果とするだけではもった

いないだろう。なぜなら学習は，日常生活のささいなところでも頻繁に行っているものであり，実はそうした学習こそが私たちが社会の中で生き抜いていくうえで重要だからである。

　では，学習とは何なのか。心理学において学習とは「経験によって生じる比較的永続的な行動変化」と定義される。「勉強」も教科書やノートを活用しながら，何らかの知識・技能を獲得しているならば，学習の一つの形として位置づけられる。しかしそれ以外にも，たとえば子どもが箸を上手に使えるようになっていく，あるいは大学生がアルバイト先の仕事を覚えていくなどというものも経験による変化であり立派な学習ということになる。なお，学習というとポジティブな側面がイメージされるが，必ずしも「よい」行動変化のみを学習とするわけではない。また，「比較的永続的な変化」とあるため，成熟や一時的な条件（薬物摂取や飲酒など）による行動変化は学習には含まれない。

　教師の役割が子どもたちの学習を支援することであるならば，さまざまな学習の形態とそれが成立する過程について理解しておく必要がある。本章では，学習が成立する過程を説明する代表的な理論のうち基礎的なものを取り上げる。なお，あらかじめ断っておくが，本章で取り上げる学習は，「勉強」としてイメージされるものとは程遠い，むしろ素朴な学習の形だと思うかもしれない。しかし，「勉強」のイメージの陰に隠れて見逃されがちな学習だからこそ，ここであらためて確認し，教師に求められる支援とは何かを考える契機にしてもらいたい。

第2節　古典的条件づけ

1. 古典的条件づけとは

　人間を含む生物は，周囲の環境に適応しながら生きていく必要がある。古典的条件づけによる学習は，生物が環境に適応するために備えている最も基本的な仕組みの一つである。

図8.1　古典的条件づけの仕組み

　具体的な事例として，「パブロフの犬」と呼ばれる実験が有名である。パブロフ (Ivan P. Pavlov) は，犬にエサを与える際，合図としてメトロノームの音を聞かせること (これを対提示という) を繰り返していると，音を聞いただけで，唾液が分泌されるようになることを発見した (Pavlov, 1927)。図 8.1 に示すように，生まれながらに備わっている特定の反応 (唾液の分泌) に特定の刺激 (メトロノームの音) が結びつく，これが**古典的条件づけ**である。

　こうした古典的条件づけによる学習の事例として，すぐに思いつくのが梅干による唾液分泌であろう。多くの日本人は，梅干を食べるときはもちろんのこと，梅干をイメージしたり，ときには梅干という字を見るだけでも，唾液が分泌されたりする。これも梅干と唾液分泌が結びつくという古典的条件づけが成立したと考えることができる。

2. 古典的条件づけの適用

　「パブロフの犬」も梅干による唾液分泌も，確かに繰り返し経験することで成立する反応 (行動) の変化であるため，古典的条件づけが学習の一つの形態であることはわかるだろう。しかし，なぜこうした仕組みが環境に適応するために必要なのだろうか。この問題については，恐怖感情を扱った有名な実験を通して見ていこう。

　ワトソン (John B. Watson) は，人の恐怖感情が古典的条件づけによって成立することを示すため，生後 1 年に満たない乳児 (アルバート坊やと呼ばれている) を対象にある実験を行った (Watson & Rayner, 1920)。それは，乳児に白いラットを与え，乳児がラットに触ろうとした瞬間に，金属の棒を叩き大きな音を聞かせるというものである。乳児はその音で驚き，次第にラットに

対して恐怖感情を抱くようになる。つまりラットと大きな音を対提示することで，恐怖感情という反応がラットと結びついてしまうのである。なお，この乳児はラットだけでなく，他の類似のもの（ウサギなど）にも恐怖感情を抱くようになり，これを「**般化**」と呼ぶ。恐怖の対象は身の危険を示すものであることが多い。何かを見たときに恐怖感情が湧きあがれば，とっさの回避行動を促すことにもつながる。危険から身を守っていくために，こうした学習の仕組みが備わっていると適応的である。ワトソンの行ったこの実験は，現在では倫理的に許されるものではないため再現することはできないが，人がもつ恐怖感情というものが，古典的条件づけによって成立する可能性を示したものとして示唆的である。

　ただし，現代の日本のような社会では，身に危険が及ぶことが頻繁に起こるわけではない。むしろ，恐怖感情等のある種のネガティブな感情が，逆に社会制度の中で不適応につながる場合もある。たとえば，不登校の子どもの中には，学校という環境と恐怖感情が結びついてしまい，学校に行けなくなってしまっている子どももいる。このような事例の場合には，むしろ条件づけられている結びつきをなくしていくことこそが解決のために大切になる（不登校が本当に不適応かという議論はここではおいておく）。実際，古典的条件づけによって音と唾液に結びつきができた犬も，音が聞こえてもエサが出てこない状況が繰り返されると，徐々に唾液の分泌が抑えられていく。これは「**消去**」と呼ばれ，行動療法の分野では消去を利用した治療が成果を上げている。治療法の一つである**系統的脱感作**では，恐怖症を治療するためにリラクゼーション法を活用し，リラックス状態を恐怖の対象と結びつける試みが行われている。恐怖を感じる場面を恐怖の程度の強弱に整理し，程度の弱い順にリラックス状態を結びつけ，徐々に恐怖感情を低減していくという方法である。もし不登校の原因が古典的条件づけによるものならば，参考になる方法であるといえるだろう。

第 3 節　道具的条件づけ

1. 道具的条件づけとは

　古典的条件づけは，人であれ動物であれ，学習者に刺激を対提示することによって条件づけが成立するというものであった。つまり，当人は何もしないまま，ただ与えられるのを待っているだけで条件づけが成立するのが特徴である（そのため**レスポンデント条件づけ**とも呼ばれる）。それに対して，本節で取り上げる道具的条件づけは，学習者となる人や動物が何らかの反応（行動）を起こさなければ学習が成立しないのが特徴である。

　道具的条件づけはスキナー（Burrhus F. Skinner）の行ったラットの実験（Skinner, 1938）を見るとよく理解できる。まずラットを特殊な仕掛けが施された箱（スキナー箱と名づけられている）の中に入れる。箱の内側にはレバーがついており，そのレバーを押すと隣にある装置からエサが出てくるという仕掛けである。箱に入れられたラットは最初のうちは箱の中をやみくもに動く。ところが，あるとき偶然レバーを押してしまうことがある。すると，隣からエサが出てくるため，ラットはそのエサを食べるわけだが，その後の様子を観察していると，ラットがレバーを押す頻度が増えるのである。この変化を**道具的条件づけ**と呼んでいる。なお，スキナーはラットの自発的な（オペラント）行動が起点となるということで，**オペラント条件づけ**と名づけている。

　スキナーの実験では，エサが行動変化の鍵となる。これを**強化子**と呼び，「レバーを押すという行動がエサという強化子によって強化された」と表現される。つまり，道具的条件づけとは，ある行動に強化子を伴わせる（**随伴**という）ことによって，その行動の生起確率を変化させるような学習のことである。なお，装置を一部改良し，レバーを押すと電撃が与えられるようにするとどうなるだろうか。偶然レバーを押したラットは電撃を与えられたことで，そのレバーに近寄らないようになる。この場合，電撃が行動変化の鍵となるが，これは強化子として罰が与えられたことによって，反応の生起確率が減少したことになる。これも道具的条件づけである。

表8.1　強化と罰の種類

変化	種類	例
行動増加	正の強化	ボタンを押すとおいしいジュースが出た（快刺激が与えられる）
	負の強化	ボタンを押すとうるさいアラームが止まった（不快刺激が取り除かれる）
行動減少	正の罰	ボタンを押したらすごく怒られた（不快刺激が与えられる）
	負の罰	ボタンを押したらおやつ抜きになった（快刺激が取り除かれる）

　整理すると，道具的条件づけには2つの方向性があることがわかる。ひとつは特定の反応を報酬などで強化し，その反応の生起確率を増加させる学習であり，もうひとつは罰を与えることで，その反応の生起確率を減少させる学習である。なお，何を報酬（強化）とするか，何を罰とするかによって，**表8.1**に示すように，正負それぞれ2つの軸があり，教育に関心がある読者にとっては，この分類は具体的な支援を考えるうえで示唆的だろう。次項ではこの点も含め，道具的条件づけの適用について考えてみたい。

2.　道具的条件づけの適用

　道具的条件づけという学習の仕組みがなぜ備わっているかについては，ここであらためて説明するまでもないだろう。ある行動によってエサにありついたとき，次も同じような行動をとろうとするのは適応的である。

　表8.1の事例からもわかるように，道具的条件づけによる学習は，私たちが日常生活の中で頻繁に利用，または経験してきた形態である。子どもがよいことをしたら褒め，悪いことをしたら叱るのが当たり前のように考えられているが，なぜ私たちがそうするのかをあらためて考えてみると，その背後に道具的条件づけが関わっていると考えればよくわかるだろう。

　道具的条件づけは，動物にも備わっている基本的な学習の仕組みである。ラットに「レバー押し」を身につけさせることができるように，動物に芸を教えるときは道具的条件づけが利用されており，**シェーピング**（shaping）と

呼ばれている。これと同様に，人に対しても報酬を工夫することで，動物に
芸を教えるときのように望み通りの行動をとらせることができるようになる
だろうか。第2節で紹介したアルバート坊やの実験を行ったワトソンは，条
件づけを利用して子どもをどんな職業にも就かせてみせると発言したことで
話題を集めたが，ことはそう単純ではないからこそ，私たちは教育に苦心す
るわけである。

　では，教育に携わるうえで道具的条件づけの何をおさえておくべきなのか。
それは**表8.1**で示した報酬と罰の捉え方である。まず，報酬・罰とまとめて
いるが，何が報酬となり，何が罰となるのかを一意に決めることは難しい。
ラットにとってのエサのように，食欲を満たすものは報酬になり得るが，満
腹状態で食べ物が与えられても，それを報酬として感じることは少ないだろ
う。また，仮に食べ物を報酬にするとして，何を与えれば報酬になるのかも
人によりけりである。筆者は甘いものが苦手なのだが，多くの人にとって喜
ばれる甘いものが，筆者にとってはむしろ罰に近いものになってしまうこと
もある。このように，一方が報酬だと信じているものが，他方には罰になる
というように，効果がまったく反対になることは決して珍しいことではない。
たとえば教室で騒がしい子どもがいれば注意をするのが教師にとって一般的
な対応であろう。教師の注意は，子どもにとって罰に近い意味合いがあるか
らだろう。しかし，仮にその子どもが教師から構ってもらいたいという気持
ちをもっていれば，教師の注意は子どもにとっては報酬となってしまう。こ
の場合，騒ぐのをやめるどころか，ますますそれがエスカレートしてしまう
可能性がある。

　また，望ましい行動と望ましくない行動は当然のことながら同時に生じな
い。教師にとって，子どものとる望ましくない行動というのは，通常目立つ
行動でもあるため，それに対して罰を与えるという直接的な対応をとるのが
普通である。しかし，逆に望ましい行動を報酬によって増加させておくと，
必然的に望ましくない行動が出てくる余地が少なくなってくるはずである。
授業中騒がしい子どもにどう注意するかだけでなく，その子どもが静かにし
ているときにどう接するかというのも，問題を解決していくためには重要な

視点である。

　以上のように，道具的条件づけは日常生活の中で自然と活用されているからこそ，そのメカニズムに無自覚になってしまう。しかしだからこそ，こうした学習の仕組みの存在自体には自覚的である必要があるといえるだろう。

第4節　認知の働き

　前節までに取り上げた条件づけによる学習は，犬やラットが事例に挙げられることからもわかるように，多くの動物にも備わっているいわば根源的な学習の仕組みだといえるだろう。こうした学習の仕組みが，周りの環境に適応しながら生きていくために重要なことは確かだが，冒頭で触れたように「机に向かって勉強している」のも学習であるならば，これを条件づけで説明するのは難しいのではないだろうか。実際，私たちが行っている豊かな学習活動の中には，条件づけでは説明がつきにくい現象が含まれている。そうした学習について理解するには，認知の働きを考える必要がある。認知とは知覚，記憶，思考など，簡単にいえば頭の中で行っていることを指す。条件づけが行動という外部から把握可能なものを学習の指標にしていたのに対し，認知を中心に学習を捉える動きが起こることとなった。ここでは代表的な学習の仕組みとして洞察学習と観察学習を取り上げる。「勉強」のような複雑な認知過程が関わるものについては次章以降に譲りたい。

1. 洞察学習

　洞察学習とは，いわゆるひらめきによる学習である。子どものころ，柵の向こうへボールが飛び，それを取ろうと手を伸ばしてもギリギリ届かないという経験をしたことはないだろうか。こんなとき，私たちは周囲を見渡し，手ごろな長さの木の枝がないかを探し回る。ひらめきというと創造的なことを新たに考え出すと捉えられるかもしれないが，ボールを取るときに木の枝を使うというほんのささいな工夫にもある種のひらめきが関わっている。実

際，こうした経験をすると，私たちは類似の場面では同じような行動をとるようになることから，やはり学習が成立しているとみなすことができる。

　洞察学習では，客観的に観察される行動の変化ではなく，状況をどう認識するかといった認識の変化に焦点が当てられる。すなわち，ボールの事例で学習されたのは，どうすれば手が届かなくてもボールを回収できるのかに関する考え方なのである。こうした認知的な変化も学習とみなすのが認知を中心とした学習の捉え方の特徴である。

2. 観察学習

　私たちは，自分が何かをすることによって学習するだけでなく，他人が何かをしている様子を観察することでも学習する。これを**観察学習 (モデリング)** と呼ぶ。初めての環境におかれると，私たちはその場にいる他人の振る舞いを有力な情報源とするだろう。つまり，他人の行動から学ぶわけである。自分一人であらゆる行動を試すのは非現実的だからこそ，観察学習は私たちにとって重要な学習の仕組みであるといえるだろう。

　観察学習が特に注目を集めたのは，暴力的な番組や映画が子どもを暴力的にしてしまうのかという社会的な問題と結びついたからである。バンデューラ (Albert Bandura) は幼児を対象に，攻撃行動が観察によって学習されるかを確かめている (Bandura, 1965)。この実験は，大人が風船人形に対して攻撃しているシーンを撮影したビデオを子どもに見せた後，子どもを同じ人形が置いてある部屋に連れていき，行動を観察するという方法で行われた。その結果，子どもは大人と同じ行動をとることが示され，観察するだけで攻撃行動が学習される可能性が示された。

　なお，バンデューラは，子どもを 3 群に分け，攻撃した大人が，①賞賛されているところ，②叱られているところ，③何もされないもの，という異なる映像を見せ，子どもの行動を比較している。つまり，モデル (大人) が報酬または罰を受けること (代理強化) の効果を検証したのである。すると，叱られているところを見た子どもの攻撃行動は，他の群よりも顕著に少なくなった。この結果は，モデルの行動とそれに伴う結果から，自分が同じことを

したらどうなるかについての認識が子どもにも可能であることを示している。

　以上のように，認知のはたらきによって，私たちの学習は豊かな広がりをもつものとなる。洞察学習や観察学習によって，私たちは初めての状況であっても，何らかの手立てを考えることができるし，自分が実際にやってみなくても学習を進めることができる。これまでに私たちが身につけてきた習慣やスキルは，洞察学習や観察学習によるものも多いのではないだろうか。教育に携わるうえで，「勉強」という特定の範囲の学習だけに固執せず，人間形成という視点から考えることもまた重要なことであり，本章で取り上げた条件づけや認知のはたらきによる学習は，そのための一つの視点を示しているといえよう。

［伊藤　貴昭］

● **考えてみよう！**

▶ 日常的な習慣のうち，本章で紹介した条件づけ，洞察学習，観察学習によって学習されたものにどのようなものがあるだろうか。具体例をそれぞれ挙げてみよう。

▶ 学校の中で，「勉強」による学習以外に子どもたちが学習しているものにはどのようなものがあるだろうか。またそれは教師が学習してほしいと期待しているものになっているか確認してみよう。

● **引用・参考文献**

Bandura, A.（1965）. Influence of models' reinforcement contingencies on the acquisition of imitative responses. *Journal of personality and social psychology, 1*, 589-595.

Pavlov, I. P.（1927）. *Conditional reflexes: an investigation of the physiological activity of the cerebral cortex*. Oxford, England: Oxford Univ. Press.

Seligman, M. E., & Maier, S. F.（1967）. Failure to escape traumatic shock. *Journal of experimental psychology, 74*, 1.

Skinner, B. F.（1938）. *The behavior of organisms: An experimental analysis*. New York: Appleton-Century-Crofts.

Watson, J. B., & Rayner, R.（1920）. Conditioned emotional reactions. *Journal of experimental psychology, 3*, 1-14.

▶ 体罰問題を考える

　体罰の問題が後を絶たない。体罰の根絶が難しいのは，どこかに体罰のような指導が必要だという信念が残っているからであろう。実際，大学生に「体罰は必要か」についてアンケートをとってみると，「必要ない」と回答する学生はおよそ半数くらいである。これほど体罰の問題について取り上げられている現在でも，半数の学生は場合によっては仕方がないと考えているということである。あくまでも一部の学生の回答ではあるものの，こうした事実からも体罰が根絶されにくいことが理解できるだろう。しかし体罰には当事者が思っている以上の負の側面がある。学習という視点からこの問題について考えてみたい。

　まず，道具的条件づけによれば，体罰は正の罰に該当する。罰は，それが正の罰であれ負の罰であれ行動を抑制するように働くが，何をすればよいかを示すわけではない。たとえば部活動で，ミスをした選手に体罰をしたとする。しかし，そもそも最初から選手はミスしないように心がけているのである。それに対して体罰を加えても，どうすればミスせずにできるのかを教えていることにはならない。ラットがレバーを回避するといった単純な行動と同じではないのである。

　また，古典的条件づけによれば，体罰による身体的・精神的なショックは，それが繰り返されることで，恐怖感情を引き起こす可能性がある。アルバート坊やの実験と同じである。体罰をする教師がいるだけで，恐怖感情が引き起こされ，それが原因でパフォーマンスも落ちるという負の循環に陥る可能性もある。場合によってはいかに自分ががんばってもうまくいかないという**学習性無力感**（Seligman & Maier, 1967）と呼ばれる現象に近い思考に陥ってしまうこともありうる。少なくとも学習の機会を提供する場で，子どもたちに抱かせるべきものではないだろう。

　さらに，体罰は直接的にそれを受ける子どもたちへの影響だけでなく，それを見ている子どもにも余計な学習をさせてしまう可能性もある。体罰を容認する発言は，直接・間接問わず体罰を見聞きしたことによる観察学習の結果によるところも大きいように思う。体罰によって部員の気持ちが引き締まり，よい結果につながった。選手たちは「厳しい指導のおかげです」と口にする。これはまさにバンデューラの攻撃行動の実験におけるモデルに対する賞賛と同じ状況であろう。

　今後の教育を考えたとき，はたして本当に体罰が必要なのか。本章で取り上げた学習の仕組みはそれを考え直す意味でも示唆的ではないかと思われる。

［伊藤　貴昭］

第9章

記憶と認知過程

●── **本章のねらい** ──●

　風景，音，匂い，ありとあらゆる知識やスキル等，私たちはさまざまな記憶・知識をもっている。幼児，児童，生徒を問わず，教育の営みは，人類が蓄積してきた多くの知識やスキルを体系的に伝えていくことでもあり，こういった活動における記憶プロセスの役割は計り知れない。ここでは記憶の特性や記憶を支える認知過程について学ぶ。まず，(1) 記憶の種類と (2) 記憶の発達の道筋を紹介し，次に (3) 覚えることと思い出すこと，そして効果的な記憶処理を可能にする (4) 記憶のコントロールについて述べる。最後に，(5) 出来事の記憶の特性と学校での事故・事件調査の要点を紹介する。

第1節　記憶の種類

1. 短期記憶とその過程

(1) 保持期間による分類

　記憶の分類法は複数ある。まずは記憶が保持される期間による分類である。こういった分類は，記憶は時間とともに減衰するという観察に基づいている（正確に想起できる情報の量を時間の関数で表したものを忘却曲線という）。

● プライミング：プライムとは準備，先行を意味する。1秒に満たない時間であっても，特定の先行刺激（たとえば，Aという文字）を提示すると，後

続して提示される同じ刺激 (A) に気づきやすくなったり，その刺激を早く読み取れたりする。これは，先行する刺激の記憶を反映している。

- 感覚記憶：視覚的，聴覚的情報 (音韻情報) が数秒間保持される記憶をいう。
- 短期記憶：10〜15秒程度保持される記憶が短期記憶である。一度に記憶できる容量はおおよそ7項目であり，系列位置効果が認められる。たとえば，「2，6，9，1，3，8，5，7，4」という数列を読み上げ，復唱を求めた場合，系列の初頭部分 (2，6，9) は正確に想起されやすい (**初頭性効果**)。初頭部分の刺激はより多く**リハーサル** (**反復**) され，また，刺激間の干渉も少ないことが理由だとされる。また，読み上げ直後であれば，終結部 (5，7，4) も正確に想起されやすい。終結部の読み上げは想起する時点に近接しているので (**新近性効果**)，短期記憶に残っている率が高いからだと考えられている。遅延をおいて復習を求めると，新近性効果は消失する。
- 長期記憶：知識や思い出など，長期にわたり保持される記憶をいう (短期記憶と長期記憶の間に，中期記憶を仮定する場合もある)。長期記憶の種類と特性については 2. で詳しく述べる。

(2) ワーキングメモリ

短期記憶は作業記憶 (ワーキングメモリ) としてより詳細に概念化されている。バデレー (A. D. Baddeley) らによれば，情報が短期間保持される記憶システムは以下のような機能をもつ (Baddeley, 2000)。

- 中央実行機能：注意の配分やコントロールを行う。混んでいる道路では注意を集中するが，すいた道ではラジオを聞きながら運転するなど。
- 音韻ループ：音韻的な記憶を短期間保持し処理する機能。伝言を理解し書き留めるために音韻情報を数秒意識に留めるなど。
- 視覚的スケッチパッド：車を運転する際に次々と目の前に現れる場面を処理するなど，視覚的な情報を短期間保持し処理する機能。
- エピソードバッファ：体験や場面，文脈を保持し処理する機能。

ワーキングメモリは読解や語学の学習，演算など種々の認知的な活動を支えている。

2. 長期記憶と知識

(1) 長期記憶

　長期にわたり保持され，繰り返し用いられる記憶（知識，スキル）を長期記憶という。長期記憶は以下のように分類される。

● 顕在的な記憶：意識化し，言葉にできる記憶であり，宣言的な知識ともいう。顕在的な記憶はさらに**意味記憶**（「忘却曲線」の定義のような，いわゆる知識）と**エピソード記憶**（「今年は富士登山した」等の出来事の記憶）に分けられる。意味記憶は「思い出す」というよりも「わかる」「知っている」（ノエティック：noetic）という感覚を伴う。これに対し，エピソード記憶は「（自分が）覚えている」「（自分が）思い出す」といった気づき（オートノエティック：autonoetic）と関わっている（タルヴィング，1985）。

● 潜在的な記憶：反応，動作，行動が生じることにより存在が確認できる記憶を潜在的な記憶という。車を運転できる，箸を使えるなどがこれに当たる（使い方を言葉で説明することはできなくても，動作で示すことができる）。手続き的知識ともいい，古典的条件づけやオペラント条件づけもここに含まれる。これらの知識は意識的な気づきがないので，**アノエティック**（anoetic）という。

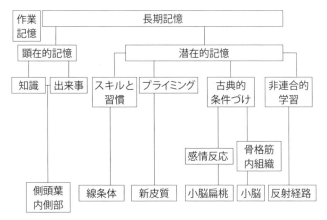

図9.1　記憶の構造

（出所）Reed（2010）p.124 を改変

　リード (S. K. Reed) は記憶の種類を脳の部位と関連づけて**図9.1**のように
まとめた。一言で「記憶」といっても，異なる脳の部位が支える多種多様な
記憶があることがわかる。言葉による記憶は苦手だが，視覚的イメージによ
る記憶は得意であるとか，メロディは一度聞いたら忘れないとか，スキルの
習得に長けているとか，記憶のあり方にも個性や個人差があることが示唆さ
れる。

第2節　記憶の発達

1. 潜在的記憶

　行動学的にも，脳神経科学の知見によっても手続き的な知識の発生は早い。
新生児であっても親近性のある匂いの方に顔を向けたり，胎内で聞こえてい
た声を新規な声と区別したりする。その後，技，スキル，身体運動の記憶は
子どもの身体的変化やコントロールを司る脳の発達により，より複雑で精緻
なものとなっていく。

2. 意味記憶

　1歳くらいになると，子どもは指示対象，音韻情報，意味とを結びつけ言
葉を話すようになる。概念は過拡張されたり（どの犬もすべて「ポチ」など），
過限定（ポチだけが「犬」であるなど）されたりしながら，初期においては目
に見える事物の概念を中心に，やがては動作，状態，抽象的な概念へと拡大
していく。概念と概念の関係性も，主題的な結びつき（茶碗とスプーン，紙と
クレヨン等）から形や形に基づく分類（形に基づくトリ，イヌ，サカナの分類も
含む），そして抽象的で階層化された関連性（生物の中に哺乳類，鳥類，魚類等
が含まれ，類はさらに分類されるなど）へと精緻化されていく。

　日付，時間，周期性などの時間概念，代数や幾何などの数学的な概念，順
接，逆説，因果関係，自由，平和，道徳性などの概念や，制度や歴史などの
構成された概念は，学童期においては具体的な内容を通して，思春期，青年

期においてはより論理的，抽象的なかたちで理解されるようになる。

　なお，事物，物事，事象の概念に関わる一般的な枠組みを**スキーマ**という。「イヌ」であれば，色，大きさ，耳，毛，しっぽなどが枠組みとなるだろう。これを関数で表せば「$y=f$（色，大きさ，耳，毛，しっぽ，……）」となる。それぞれの変数に「茶」「中型」「ピンと立つ」「短」「巻いている」……などが代入されれば「y＝柴犬」となるかもしれない。「イヌ」といえば，どんなイヌであるかを詳細に説明しなくても耳やしっぽがあることが予想されるが，これはスキーマによって補われていると考えることができる。

　同様に，事象の流れを**スクリプト**という。たとえば，「レストランに行く」という事象のスクリプトは「店に入る，メニューを選ぶ，食べる，代金を支払う，店を出る」となるだろう。スキーマもスクリプトも意味記憶の一種である。

3.　エピソード記憶

　エピソード記憶の発生は相対的に遅く，行動学的には 3 〜 4 歳（Nelson, 2000），脳神経科学的にも発達に十年単位の期間がかかるとされる（Nelson, 1995）。エピソード記憶には自分が見た，自分が聞いたという「自己」の感覚，「覚える」「思い出す」といった心理的活動の理解，さらに情報源（推測か，教えてもらったのか，自分が体験したことなのか等）の理解が必要である。こういった認知的な要素に加え，エピソードを覚えておくには場面の視覚情報，音韻情報，嗅覚情報，前後の状況，登場人物等を一まとまりのものとして記憶に留めておかねばならない。高度な能力を必要とする記憶だといえる。

　エピソード記憶の報告には語る能力も欠かせない。「いつ，どこで，誰が，何を，どうした，どう感じた」等の報告が可能であるためには，出来事の記憶のみならず，それを構成して話す語彙や様式の習得が必要である。フイヴァッシュ（R. Fivush）らは幼児による報告が「何があった」から，定位情報（時間，場所），背景情報，従属節などが語られるようになる道筋を示しているが（Fivush & Haden, 1997 等），どのような内容が語られるかには，親子の会話も影響を及ぼす。養育者と幼児のコミュニケーションを調べた研究では

(Harley & Reese, 1999)，ストーリーラインを重視し，報告を引き出そうとする養育者の子どもは，いつ，どこでと一問一答で会話をする養育者の子どもに比べ，エピソード記憶がより豊かであった。日本では伝統的に作文教育が行われているが，こういった活動によっても，児童は何をどのように語る（記す）べきなのかを学ぶのかもしれない。

　なお，自己と関わりの深い出来事の記憶を**自伝的記憶**（autobiographical memory）という。自伝的記憶は比較的抽象化された自分の履歴に関するスキーマと，それを構成する個別具体的な出来事の記憶により構成されると考えられている。自伝的記憶は自己の概念や体験の意味の理解，将来の指針，他者との関係性の維持などとも関わっている。

第3節　覚えること，思い出すこと

1．覚える過程

　ここでは覚える過程，思い出す過程に焦点を当てる。記憶の過程は記銘，保持，検索という過程により構成される。情報は，感覚記憶，短期記憶を経て長期記憶として定着すると考えられており，記憶を定着するために行われる意識的な活動を記憶方略という。典型的な記憶方略としては，以下のようなものがある。

● リハーサル：反復することをいう。口頭で伝えられた電話番号をメモするまで頭のなかで繰り返すなどの活動である（作業記憶の枠組みでは音韻ループによって担われる）。リハーサルには機械的な反復（機械的リハーサル）と意味的な処理を伴う反復（意味的リハーサル）が区別される。意味的リハーサルの方が，記憶の定着はよい。

● コード化（符号化）：記憶すべき対象を，意味化することであり，語呂合わせや，記憶すべき対象に意味的な関連をつけたり，すでに知っていることがらと関連づけたりすることをいう。一般に，逐語的な処理（浅い処理）よりも意味的な処理（深い処理）を行うほうが記憶はより定着する。

●**イメージング**：記憶すべき対象について，視覚的なイメージをつくる等。よく知っている場所のイメージに，記憶すべき対象を関連づけていく方法（場所法：玄関にA，廊下にB，キッチンにCなど）も有用である。

　この他，項目をカテゴリ化したり構造化したり（**体制化**：たとえば，「りんご，ソファ，みかん，ズボン，シャツ，テーブル，……」などの項目を果物，家具，衣服等のカテゴリにする），まとめたり（**チャンク化**：電話番号を3桁-3桁-4桁に区切る）などの方略も有効である。

　ところで日本では，漢字などを繰り返し書いて覚えるという方略が用いられることが多い。筆者は書いて覚えることの効果について検討したことがある。その結果，馴染みのない（新出の）漢字やハングル文字，アラビア文字のような新規なかたちやロゴなど，いわば意味化，音韻化しにくい対象は書いて覚える効果が大きかった。しかし，発音できる英語の綴りや無意味つづり，意味のある単語の列などは，書いて覚えるよりも読んで覚える方がより効果的であった。これは，一般に良いと考えられている方略が必ずしも効果的であるとは限らない一例である（ただし，覚えているかどうかを実際に書き出してみて確認することは有用だと思われる）。

　いずれにしても，記憶学習を行う際は記憶すべき対象を特定し，適切な方略を選び，記憶できたかどうかを確認し，できていなければ再度方略を用いるという過程を目標が達成されるまで繰り返す。このように自分の心的活動をモニターしたりコントロールしたりすることを**メタ認知**という（メタは，超越した，という意味である）。メタ認知の能力を高めることで，より効果的な学習活動が可能になる。

2. 思い出す過程

　記憶した内容を思い出してもらう方法は，主として次の3つに分けられる。

●**自由再生**（free recall）：記憶した内容を制約をつけることなく想起してもらう方法であり，白紙に書いたり，自分の言葉で話すように求めることをいう。試験での「自由記述」（「長期記憶について知るところを記せ」等）がこれにあたる。手がかりがないので心的な努力は必要だが，手がかりに誘導

されることなく記憶を検索できるので，正確さは高いと考えられる。

● 手がかり再生（cued recall）：手がかりを提示し再生を求める方法である。試験であれば「10〜15秒保持される記憶を（　　　）記憶という」などの質問がこれにあたる。

● 再認（recognition）：再認とは，選択肢を選んでもらう方法である。「意味記憶はアノエティックであるか」に対し，「はい」か「いいえ」で回答を求めたり，「意味記憶は以下のどれか」に対し，(a) アノエティック，(b) ノエティック，(c) オートノエティックから回答を選ぶというものである。与えられた選択肢を選ぶだけでよいので心的な負担は少ない。しかし，当て推量で回答を選ぶこともできるので，相対的に正確性は低い。また，誤った内容の選択肢が正しい記憶を混乱させたり，誤った記憶を作り出すこともある。

　言葉以外の方法，たとえば動作や描画により再生を求めることも可能である。上記の原則によれば，正確な想起を得るためには，動作でも描画でもできるだけ自発的な再生を求めることが重要である。

第4節　記憶のコントロール

1. 記銘と検索の交互作用

　記憶学習をより効果的に行うには，どのように思い出すかを見越して記銘する，あるいはどのように覚えたかを踏まえて検索することが有用である。こういった記銘と検索の交互作用については，以下の効果が知られている。

● 文脈特定性原理：記銘するという行動は特定の文脈の中で行われるため，記銘対象と文脈との間に相互作用が生じる。たとえば，文脈語（「水面」）により対象語（「ハモン」）の意味が制限されたり（「破門」でなく「波紋」），対象と文脈に連合がつくられたりする（タルヴィング，1985）。そのため，記銘が行われた文脈と類似した文脈では，検索はより効果的に行われる。有名なゴッデンらの実験では，ダイバーの記憶を，(a) 海上で学習したり

ストを海上で思い出す，(b) 海上で学習したリストを海中で思い出す，(c) 海中で学習したリストを海中で思い出す，(d) 海中で学習したリストを海上で思い出す，という 4 条件で比較した。記憶成績は，学習する場所と思い出す場所が一致している条件が最も高かった (Godden & Baddeley, 1975)。

● 適性処遇交互作用：文脈特定性原理は想起時の環境を記銘時の環境と合致させることを重視する。これに対し，想起する環境を見越して記銘する環境を整えることを重視する考え方を適切処遇交互作用という。試験が行われるのが「AN110 教室」だとわかっていたならば，その教室で勉強しておくなどがこれに当たる。文脈特定性原理が過去向きの影響であるとするならば，適性処遇交互作用は未来向きの影響を扱っている (Reed, 2010)。

2.　グレインサイズと「わからない」の意味

　私たちは通常，質問や要求にはできるだけ正確に答えるように（間違ったことを言わないように）動機づけられている。そのため，正確な知識があれば詳細に回答し（鎌倉幕府ができたのは「1185 年」），確信がもてなければ「だいたい」「概ね」「～ぐらい」「～頃」と回答の詳細さのレベル（グレインサイズ＝穀粒の大きさ）を調整して正確さを担保する（鎌倉幕府ができたのは「1200 年頃」等）。そして，もしも粗い答えもわからなければ，当て推量で間違った情報を言うよりは「わからない」と回答するであろう。教育場面では「わからない」という回答はあまり歓迎されないかもしれない。しかし，「わからない」と判断し回答できるということは，自らの知識や記憶の状態を適切にメタ認知している，ということである。「わからない」という回答を禁じると，回答は不正確になりやすい (Koriat et al., 2001)。

　第 3 節で，自由再生で求めた情報は再認で求めた情報よりも正確さが高いと述べたが，これは回答者が自分で回答の質をコントロールできるためでもある。再認テストでは回答者は「わからない」を選ぶことができず，推測で回答することになる。

第5節　出来事の記憶の特性と聴取

1. 記憶の減衰と変容

　学校ではいじめ，校則違反，教師による体罰の疑い等により，子どもから出来事の記憶（エピソード記憶）を聴取しなければならないことがある。また，学校は病院と並び子どもの虐待事案が発見されやすい場所でもある。家庭での虐待が打ち明けられるという事態もあるだろう。加害者，被害者，目撃者などの存在が仮定される場合，大人は中立的，客観的に話を聞き，記録しておく必要がある。しかし，子どもから正確な出来事の記憶を得るのは容易ではない。以下のような問題が挙げられる。

● 出来事の記憶の減衰と変容：そもそも出来事の記憶は流動的である。時間とともに減衰し，変化・変容が生じやすい。変化の源泉としては，既有知識やスキーマ，前や後に学習した知識による干渉などがある。印象深い出来事の目撃や体験記憶であっても（閃光を焚いたような記憶であることからフラッシュバルブ記憶ともいう）正確ではないことが知られている（ナイサー，2000）。

● 子どもの供述特性：第2節で見たように，子どもの記憶は発達途上にある。記憶すべき対象や出来事をうまく捉えられなかったり，定着させるための方略をもっていなかったりする。また，メタ認知の機能も十分でなく，自己の記憶をモニターしたりコントロールすることが不得手である。さらに，「思い出した」と思っても，それが体験したことなのか，人から聞いたことなのか，情報源がわからなくなることもある（ソース・モニタリングの失敗）。さらに，常に大人の庇護のもとにある子どもは権威者である大人の言葉を（たとえ誤っていたとしても）受け入れてしまいやすい。このようなことから，子どもは**被暗示性**が高い（被暗示性とは，他者からの暗示を受け入れ，実際にはなかったことをあったかのように思ってしまう傾向性をいう）。

● 聴取の方法：大人は事件や事故の解決を急ぐあまり多くの質問をしがちである。しかし，「××君が叩いたの？」「○○さんがやったの？」などのク

ローズド質問は再認法にほかならない。推測での回答を引き出しやすいばかりでなく，質問に含まれる情報（××君が叩く，○○さんがやった）が記憶を汚染する可能性もある。特定の仮説（たとえば，いじめがあった／なかった）を追求する質問は確証バイアスを生みやすく，質問の繰り返し，圧力的，権威的な聴取は子どもの被暗示性を亢進させる。また，不快な体験を繰り返し話させると，精神的な二次被害が引き起こされることも知られている（Fulcher, 2004）。

2. 事実確認の方法：司法面接

事実の調査においては，**司法面接**（forensic interviews）と呼ばれる方法を用いることが有用である。司法面接は，子どもや障害をもつ人（**供述弱者**）からできるだけ正確な情報を，できるだけ負担なく聴取する面接法である（Lamb et al., 2008; 仲，2016）。1990年頃より欧米において，上述のような聴取の問題を踏まえて開発され，日本でも用いられている。日本では児童相談所職員，警察官，検察官が多機関連携で実施することが多い（**協同面接**，**代表者聴取**という）。

司法面接は出来事に関する情報を収集すること目的としている。そのため，カウンセリングや心理教育，教育指導（説教する，反省を求める等）とは区別される。まずは何があったかを確認し，他の情報（物理的な情報，他の当事者や目撃者からの情報）と照合しながら事実を明らかにする。そのうえで，カウンセリングや心理教育，教育指導等を行う。こういった事実調査の具体的な手続きについてはコラムを参照されたい。

記憶は教育における重要な認知過程である。記憶の特性をよりよく知ることは，よりよい教育に役立つであろう。

　　　　　　　　　　　　　　　　　　　　　　　　　　　　［仲　真紀子］

● 考えてみよう！

▶ 図 9.1 の種々の記憶（知識，出来事，スキル，習慣等）につき具体的な記憶の例を挙げ，それぞれどうすれば効果的に習得できるか考えてみよう。

▶ 学校でのいじめ，校則違反等が問題になった記事を検索し，校内での調査がどのように行われていたか調べてみよう。また，出来事の記憶を明らかにするという観点から，どのような調査を行えばよいか考えてみよう。

● 引用・参考文献

Baddeley, A. (2000). The episodic buffer: A new component of working memory? *Trends in Cognitive Sciences, 4*, 417-423.

Fivush, R., & Haden, C. (1997). Narrating and representing experience: Preschoolers' developing autobiographical recounts. In P. van den Broek, P. J. Bauer, & T. Bourg (Eds.), *Developmental Spans in Event Comprehension and Representation: Bridging Fictional and Actual Events* (pp.169-198). Routledge.

Fulcher, G. (2004). Litigation-induced Trauma Sensitisation (LITS) — A Potential Negative Outcome of the Process of Litigation. *Psychiatry, Psychology and Law, 11*, 79-86.

Godden, G., & Baddeley, A. (1975). Context- dependent memory in two natural environments: On land and underwater. *British Journal of Psychology, 66*, 325-331.

Lamb, M. E., Hershkowitz, I., Orbach, Y., & Esplin, P. W. (2008). *Tell me what happened: Structured investigative interviews of child victims and witnesses.* Chichester: Wiley & Sons.

ナイサー，U.　富田竜彦（訳）(1988-1989).　観察された記憶—自然文脈での想起（上・下）　誠信書房.（原著，1982 年）

Nelson, C. A. (1995). The ontogeny of human memory: A cognitive neuroscience perspective. *Developmental Psychology, 31*, 723-738.

Nelson, K. (2000). Memory and belief in development. In Schacter, Daniel L. & Scarry, Elaine (Eds.), *Memory, brain, and belief* (pp.259-289). Cambridge, MA, US: Harvard University Press.

Harley, K., & Reese, E. (1999). Origins of autobiographical memory. *Developmental Psychology, 35*, 1338-1348.

Koriat, A., Goldsmith, M., Schneider, W., & Nakash-Dura, M. (2001). The credibility of children's testimony: Can children control the accuracy of their memory reports? *Journal of Experimental Child Psychology, 79*, 405-437.

仲真紀子（編著）（2016）．子どもへの司法面接：進め方・考え方とトレーニング　有斐閣.

仲真紀子（2005）．子どもは出来事をどのように記憶し想起するか　内田伸子（編）　心理学―こころの不思議を解き明かす（pp.131-159）　光生館.

Reed, S. K.（2010）．*Cognition: Theories and Applications*（8th edition）．Belmont, CA: Wadsworth.

タルヴィング, E.　太田信夫（訳）（1985）．タルヴィングの記憶理論：エピソード記憶の要素　教育出版.（原著, 1983 年）

● COLUMN ●

▶ 司法面接の方法を用いた事実の調査

　いじめや喧嘩など加害者，被害者の存在が想定される場面では，中立で客観的な事実調査が重要である。ここでは被害が疑われる子どもに対する面接手続きを紹介する（加害者や目撃者については仲（2016）を参照のこと）。

　面接者と被面接者は静かな部屋で一対一で面接を行う。面接者は直接的な利害がなく，司法面接の知識がある者（担任ではなく，養護教諭やスクールカウンセラーなど）が行う。録音が難しい場合は筆記役を置く。筆記役は筆記に徹し口をはさまない。面接は以下のような手続きで行う。

　(1) 挨拶や面接の説明：「こんにちは。今日はお話に来てくれて，どうもありがとう。私の名前は□□です。私の仕事は子どもからお話を聞くことです。こちらの△△先生はノートをとってくれます。私が○○さんからちゃんと聞けているか，途中で△△先生と相談に出ることもあるかもしれません。」

　(2) グラウンドルール（背景となる約束事）：「話す前にお願いがあります。①今日は本当のことを話すのがとても大切です。本当にあったことだけを話してください。②質問の意味がわからなかったら『わからない』と言ってください。③質問の答えを知らなかったら『知らない』と言ってください。④私が間違ったことを言ったら『間違ってる』と言ってください。⑤どんなことでもあったことを全部話してください。」

　(3) ラポール（話しやすい関係性）の形成（自由報告の練習）：「○○さんのことをもっと知りたいので聞きますね。○○さんは何をするのが好きですか。（話してもらったならば）よくわかりました。どうもありがとう。このようにたくさん話してくれるとよくわかります。今のようにたくさんお話ししてください。」

　(4) エピソード記憶の練習：「次に前のことを思い出してお話しする練習をしましょう。今日あったことを話してください。朝起きてからここに来るまでにあったことを最初から最後まで全部話してください。」（話してもらったならば，上と同様に強化する）。

　(5) 本題：「では今日○○さんがどうしてここに来たかお話しすることにしましょう。今日は何を話に来ましたか。どんなことでも（最初から最後まで）全部話してください。」

　オープン質問（「その前にあったことを話して」「それからどうした？」「そのことをもっと話して」「あとは？」等）を用いて自由報告を得た後，面接者は筆記役と一旦部屋を出て得られた情報につき確認する。そして部屋に戻り，情報が足りなければWH質問等で補充する。

　(6) クロージング：「話してくれてどうもありがとう。他に話しておきたいことないですか。質問はありませんか。」その後，子どもに感謝して終了する。

［仲　真紀子］

第10章

動機づけ

● 本章のねらい ●

　動機づけというと，よく「意欲」や「やる気」と結びつけられて，教師等にとって望ましい活動をすることが，動機づけが高いとされる。しかし，本当にそうだろうか。本章では動機づけの定義を，「報酬を得て罰を避ける」とする。したがって，勉強嫌いな子どもに勉強するように圧力をかけることは，単純に勉強という罰としか子どもには思えないことを強制することであり，なおさら勉強から遠ざかることもある。これは，上の定義からすれば罰を避けることになり，「動機づけが高い」ともいえるのである。このような点に注意しながら，罰ではなく，主に学習への動機づけを高めていく方法として，何がいえるかを考えたい。

第1節　動機づけとは何だろうか── 一般的な視点から

1.　動機づけの定義

　動機づけとは，**目標志向的**な心理プロセスである。ここでいう目標とは，大きく分けて報酬と罰となる。粗い言い方をすれば，自分にとって好ましい物事を獲得しようとし，自分にとって好ましくない物事を避けようとすること，である。ゆえに，動機づけとは，「報酬を得ようとして，罰を避けようとする心理プロセス」と定義することができる。

2.「やる気」や「意欲」と動機づけの関係

　ところで，ふだん私たちが「やる気」や「意欲」という言葉を使う時，なんとなく性格やパーソナリティのような安定した，人がもっているものとして使っていないだろうか。「やる気のある人」や「意欲の高い子ども」等は，暗黙にパーソナリティとして動機づけを想定している。

　しかし，実際の動機づけのプロセスは，他の心理現象と同様に，個人のもつ特性と環境のそれぞれのあり方と両者の関係で決まるはずである。ゆえに，動機づけは，あくまで「心のプロセス」「心の現象」である。このことを忘れないようにしたい。

3.　動機づけに対する心理学の各立場

　さて，一口に動機づけといってもさまざまな考えがある。そこで，主に動機づけるものを中心に動機づけについて述べることとする。

　その代表として，動機づけの研究で取り上げられる概念に，以下のものがある。

　　欲求…何かをしたいあるいはしたくないという感情
　　期待…自分の行動が環境を変えるという予測
　　価値…自分の行動の結果に与える価値づけ

　本章では上の3つの観点に基づき，次の4つの動機づけアプローチについて取り上げて検討したい。左側の言葉が，それぞれの立場を表す言葉で，点線の右側はその典型的な考え方やモデルを指す。

　　欲求論…自己決定理論
　　期待—価値理論…原因帰属利論
　　期待理論…自己効力のモデル
　　価値理論…達成目標理論

第2節 自己決定理論

　デシ（Edward L. Deci）とライアン（Richard M. Ryan）は，自己決定理論という大がかりな動機づけ理論をまとめている（Deci & Ryan, 2005）。この理論の主要な点の一つに，人の主な3欲求（自律性への欲求，有能さへの欲求，関係性への欲求）とそれへの支援が，動機づけを決定する，という主張がまず挙げられる。また，最初は他律的だった行動（外発的動機づけ）が，次第にその価値を内在化させて，自律的になる（内発的動機づけに近づく）という，発達論も展開している（図10.1）。この発達で重要なのは，学習などの行動を支持する人との関係が親密であることである。それが，関係性への欲求をこの理論に取り入れた背景にあるようだ。

　さて上記の3つの欲求は，第一に有能さへの欲求は，自分の周りの環境と適切に関わりたいという欲求である（実際には，「能力を高めたい」気持ち）。第二の自律性への欲求は，自分のことは自分で決めたいという欲求であり，自己決定理論の中核を占める。第三の関係性への欲求は，重要な他者と仲良くしたいという欲求である。これらの3つの欲求を満たすような支援が，人の動機づけや適応を促す，と考えられている。

　さて，自己決定理論から動機づけの実践について考えると，できるだけ学習者の能力を高めたいという気持ちや自分で学習について決めて学びたいと

図10.1　自己決定性と動機づけの段階（Ryan & Deci, 2000）

いう気持ちを，教師等が認めていくことが肝要である。さらに，教師と学習
者との関係を温かなものにしていく努力が必要だろう。

第 3 節　期待－価値理論

1. 期待－価値理論

　期待－価値理論とは，動機づけ研究の大きな枠組みである。人が行動をし，
その行動を続ける原因は，行動の結果への期待と価値の高さだとする説であ
る。期待の例としては，「勉強すれば成績が上がると思う」から「勉強する」
ことが考えられる。また，価値の例としては，「成績が上がるのはうれしい
と思う」から「勉強する」ことが考えられる。現在の動機づけ研究は，この
期待—価値理論を背景としているものが多い。

　ここでいう期待（予期ともいう）とは，自分の行動の結果がどうなるはずか
についての予測である。プラスの意味での変化だけではなく，マイナスの意
味での変化の予測も考える。たとえば，「勉強したら成績が上がると思う」
や「売り込みをしても営業成績が下がると思う」という認知がこれに該当す
る。

　次に，価値とは自分（あるいは他者）の行動の結果に与える値打ちであり，
「成績があがっても意味がない」や「次の試合には絶対勝ちたい」というよ
うな見方が例として挙げられる。

　ここでは，次に期待—価値理論の例としてワイナー（Bernard Weiner）の原
因帰属理論を取り上げる。

2. ワイナーの原因帰属理論

　原因帰属とは，物事の原因が何かを考える推論過程の一種である。以下，
ワイナーが提唱した動機づけの原因帰属理論について説明する（Weiner,
1972, 1986）。

　この理論は，期待—価値のモデルを原因帰属の観点から解釈化することで，

導き出されたものである。原因帰属を動機づけプロセスに組み込むことで，なぜ期待や価値が状況によって異なるのかをうまく説明できた。

　ここで，重要なキーワードとして，**帰属因**と**帰属次元**を説明しよう。帰属因とは，原因を帰属される理由のことである。たとえば，短距離走でいつもよりもタイムが遅かったのを運が悪かったとみなしたり，あるいは試験で高得点をあげた時に，いつも努力したからだと，日常生活で私たちは考えたりする。これらの場合の「運」や「努力」が，帰属因である。

　次に，帰属次元とは，帰属因を構成する主な次元である。ふつう2つあるいは3つの次元が想定されている。

　帰属次元の種類としては，**統制の位置**（後にワイナー自身が「原因の位置」と名称変更），**安定性**，**統制可能性**の内の前2つか，あるいはこれら3つがある。

　まず，統制の位置は，ある出来事が起きた時，その原因は自分か（内）それ以外か（外）ということである。したがって自分のせいで物事がうまくいかないと思った時は，内的帰属をしているのであり，反対に他人のせいで失敗したと思う時は，外的帰属をしていることになる。続いて，安定性とは，物事の原因が，時間的に安定しているか（安定），そうではないか（不安定）に関わる。統制可能性とは，その出来事の原因は，誰かにとってコントロール可能だったのか，ということに関わる。

　特に統制の位置と安定性の二次元から，以下動機づけとの関係をみていこう。原因帰属の二次元と典型的な帰属因の関係は，**表10.1**に示した。

　ワイナーの考え方では，期待―価値理論の「期待×価値＝行動」を，帰属次元から読みかえることができるとされている。そして，期待に安定次元が

表10.1　原因帰属の二次元と典型的な帰属因 (Weiner, 1972)

安定性 ＼ 統制の位置	外的	内的
安定	課題の困難度	能力
不安定	運	努力

影響し，価値に統制の位置の次元が影響するとする。

　では，より具体的に帰属次元からの影響について述べよう。期待には，安定次元が影響するとワイナーは考えた。原因が安定的な場合，将来にも同じことが起こる（期待高）とみるだろう。逆に，原因が不安定な場合は，将来のことについてはわからない（期待低）と考える。次に価値（実際には行動の結果に対する「価値づけ」を，結果から経験する感情に置き換えて調べている）には統制の位置次元が影響すると，ワイナーはみている。具体的には，成功の原因が内的なら，誇りが生じる。失敗の原因が内的なら，恥が生じる。原因が外的の場合，経験する感情は弱いとされる。誇りが生じる場合，学習行動は促進され，恥を経験する場合には学習行動は抑制される。

　このように，原因帰属を調べることによって，期待と価値の原因を決めて，行動の予測をすることになる。ゆえに，将来の学習のような達成行動を促すには，学習行動やその結果への期待や価値を高めるために，成功は自分のせいだとみなし，失敗は自分以外の問題かあるいは安定的ではない帰属因，たとえば努力などに帰属させるように援助することが，必要な場合がある。

第 4 節　期待理論，特に自己効力

　期待理論とは，期待×価値理論の中でも，特に期待が人の動機づけの高さ（ある行動の頻度や量の多さ）を決定するという立場を指す。ここでは自己効力に関する理論を取り上げる。

　自己効力（Bandura, 1977）の考え方の前提として，**目的－手段関係**が明確なことが，まず指摘できる。ある手段を使えば目的が果たせると思う時でも，その手段を使えないと思うことがある。たとえば「ある学習方法を使えば成績が上がる」と思うが，「自分はその方法は苦手だ」と思うと，当然，うまくいかない。

　上記のような場合を想定すると，自己効力とは，ある手段を使えば目的が果たせると思う時，「その手段を使うことができる」という信念を指す。自

己効力に関わる信念は2つある。ひとつは，「**結果期待**」といい，ある手段を使えば目的が果たせるという信念である。もうひとつは，自己効力（別名，**効力期待**）自体である。これは，結果期待に基づいて，その手段を自分が使うことができるという信念である。いいかえると，手段的活動（行動）が自分のレパートリーであるという信念が，自己効力である。

　では，なぜ自己効力という考えが必要か。この概念は，元々は心理臨床場面で考えられた。行動療法等では，クライエントに積極的な行動を求める。だが，「ある治療法を使えば症状が治まる」ことはわかっていても，「その治療法を自分はできない」と思うと，症状は治らないのである。ゆえに，治療法を自分が使える，できる，という信念が，治療には必要である。

　さて，自己効力が高いとその手段的活動ができると思うので，目的を果たす活動をする。つまり，動機づけが高まる。ゆえに，本当は手段的活動があまりできなくても，自己効力が高いと積極的な活動が促されるという意味で，効果があるといえる。

　では，自己効力を高めるにはどうすればよいか。自己効力が低い人が他の人が行動している様子を観察する**モデリング**や，できないと思っている人に言葉による説得をしたり，まずは自分でとりあえずやってみることで，意外とできる自分を発見することや，緊張をほぐすことなどが，有効な方法として指摘されている。

　自己効力の応用研究としては，学習方法を使うための自己効力を高めることによって，効率的な学習ができるようになった例（Schunk, 1996）や，進路を決められない人に，決定のための方法（情報収集，情報の長所短所の比較等）を使えるという自己効力を高めて，進路決定行動を促した例（Taylor & Betz, 1983）などがある。

　自己効力の研究には問題点もある。目的―手段関係が明確でないと，何が自己効力かわからなくなる。だが目的―手段関係が不明確な測定が横行しているのが現状である。数学の自己効力の質問例として，「あなたは数学ができると思いますか」のようなものが多い。しかし，こうした例では，何が目的で何が手段か不明である。ゆえに，自己効力を調べる場合は，目的―手段

126

関係を厳密に見極めてほしい。

第5節　達成目標理論

　期待—価値理論でも，特に価値づけを強調した理論の一つに達成目標理論がある。達成目標理論とは，文字通り，物事を達成する必要がある場面で，人がもつ「目標」の内容が，その人の行動や適応などに影響するというものである。

1．達成目標の種類

　達成目標には2種類ある。ひとつを**マスタリー目標**，もうひとつを**パフォーマンス目標**と呼ぶ。これらの目標には複数の意味があるが，ここではマスタリー目標とは，以前の自分と比較してできるようになることとする。そして，パフォーマンス目標は，他人と比較してできるようになること，として

表 10.2　4つの達成目標の区別

有能さの基準	接近への注目	回避への注目
個人内基準	課題の熟達，学習，理解に着目 自己の成長，進歩の基準や，課題の深い理解の基準を使用 **マスタリー接近目標**	誤った理解を避け，学習しなかったり，課題に熟達しないことを避ける 課題に対して正確にできなかったかどうか，よくない状態ではないかという基準を使用 **マスタリー回避目標**
相対基準	他者を優越したり打ち負かすこと，賢くあること，他者と比べて課題がよくできることに着目。 クラスで一番の成績をとるといった，相対的な基準の使用 **パフォーマンス接近目標**	劣っていることを避けたり，他者と比べて愚かだったり頭が悪いと見られないことに注目。 最低の成績を取ったり，クラスで一番できないことがないように，相対的な基準を使用 **パフォーマンス回避目標**

（出所）Elliot & Thrash（2000）や Pintrich（2000）に基づき作成

127

おく。

　さらに，上記の2つ目標を接近（望ましい状態に近づくこと）と回避（望ましくない状態から遠ざかること）の軸で，さらにそれぞれ2つに分けて，計4つの目標を提唱することも試みられている。最近の達成目標の区別については，**表10.2**を参照されたい。

2. 達成目標理論からみた教育的関わり

　特に失敗が続く場合に，他人との極端な比較を強調することは，パフォーマンス目標の設定を促すことにつながり，一部の人は無気力に陥る可能性が高まる。一方で，努力すれば少しでも以前よりも能力を伸ばせる，という経験を積極的に提供することで，マスタリー接近目標の設定を促すことも必要だろう。

第6節　まとめ

　学習者の動機づけを高めるには次のような点が重要だと考えられる。つまり，学習者自身が外から強制されるという気持ちを抱く場合は，かえってやりたがらない場合が多いこと，ただし，それが自ら進んで学習するには教師等との関係構築が重要だろう。また，優れた基準を目指せるように，最初はすぐにできることを目標にしつつ自信をつけさせることが大事である。できることから他者と競争ができるように働きかけてもよいが，それが過度になると動機づけを下げることもあるので，学習者自身の以前の姿と比べてどこが上達したかを確認していくことで，努力し理解することを重視させていく必要がある。

［上淵　寿］

● 考えてみよう！ ─────────────────────────────

▶ 勉強嫌いな子どもが勉強を嫌うのも動機づけが高いとするなら，そのよう
な子どもに対して，勉強が報酬となるようにするにはどうすればよいだろ
うか。その方法と根拠について考えてみよう。

▶ 本章で紹介した動機づけの考え方を実際の授業で活かすための工夫を具体
的に考えてみよう。

● 引用・参考文献

Bandura, A.（1977）. Self-efficacy: Toward a unifying theory of behavioral change. *Psychological Review, 84,* 191-215.

Elliot, A. J., & Thrash, T. M.（2001）. Achievement goals and the hierarchical model of achievement motivation. *Educational Psychology Review, 13,* 139-156.

Deci, E. L., & Ryan, R. M.（Eds.）（2005）. *Handbook of self-determination.* Rochester, NY: University of Rochester Press.

Pintrich, P. R.（2000）. The Role of motivation in self-regulated learning. In M. Boekaerts, P. R. Pintrich, & M. Zeidner（Eds.）, *Handbook of self-regulation*（pp. 451-502）. Academic Press.

Ryan, R. M., & Deci, E. L.（2000）. Self-determination theory and the facilitation of intrinsic motivation, social development, and well-being. *American Psychologist, 55,* 68-78.

Schunk, D. H.（1996）. Goal and self-evaluative influences during children's cognitive skill learning. *American Educational Research Journal, 33,* 359-382.

Taylor, K. M., & Betz, N. E.（1983）. Applications of self-efficacy theory to the understanding and treatment of career indecision. *Journal of Vocational Behavior, 22,* 63-81.

Weiner, B.（1972）. *Theories of motivation.* Chicago: Rand McNally.

Weiner, B.（1986）. A theory of motivation for some classroom experiences. *Journal of Educational Psychology, 71,* 3-25.

▶ 期待にご用心

　ワイナーのいう「期待」の意味は，本文で紹介した「期待」とはやや異なるものである。ワイナーは，「期待」という言葉に，以前に起こったことが未来でも「自然に再現」されるという見積もり，という意味をこめている。ゆえに，成功しても失敗しても努力帰属は，帰属次元からいえば不安定に属するので，次も成功するか失敗するかどうかは，あまり明らかではない。一方，能力帰属の場合は，帰属次元は安定に属するので，人は成功すれば，次回も成功すると考え，失敗すれば，次回も失敗すると考えるだろう。帰属次元が不安定な場合は，ワイナーのいう期待，すなわち物事が自然に再現される確率が低いからであり，帰属次元が安定ということは，期待が高い，すなわち物事が自然に再現される確率が高いからである。

　しかし，一般に心理学でいう「期待」とは，将来は「より良くなる」か，あるいは次は「より悪くなる」という「変化」に注目している。この点で，ワイナーの原因帰属理論は，誤解を招きやすいので注意を要する。

　一方，他の研究者の多くは，一般的な「期待」に対する考え方に沿っている。たとえば，学習性無力感やポジティブ心理学で著名なセリグマン (Martin E. P. Seligman) は，「期待」を，自分の行動が結果の変化に直接影響している，自分が「何かをすれば結果は変わる」ことと考えている。これを前提としたうえで，彼は**学習性無力感** (learned helplessness) という現象を説明した。これは，主に失敗を何度も経験することで，自分が「何をやっても結果は変わらない」，という信念を抱くことを指す。人が学習性無力感に陥るのは，セリグマンのいう「期待」概念からいえば，自分の行動が結果の「変化」に「直接影響する」という信念がくつがえされたことになる。

　ここでは「期待」の意味を取り上げたが，心理学の用語は，同じ表現をとっていても，その意味や用法が研究者によってかなり異なることがある。心しておきたいものである。

[上淵　寿]

130

第11章

学習指導

---●── **本章のねらい** ──●───

　本章では教師が説明を行う受容学習場面と，学習者が対話的に学ぶ協同学習場面に分けたうえで，指導の効果を高めるために教師が行うことができる工夫について紹介する。章末にも述べるように，学習指導に正解はなく，指導の対象や状況によって効果的な方法は異なってくる。指導方法のレパートリーを増やし，柔軟に指導を展開できるようにすることが本章の目的である。

第1節　はじめに

　学習指導を行ううえでは，学習者に何をできるようにさせたいのかなど，指導の目標を具体的に設定し，方法を選択していく必要がある。特に，現行（2017-18年告示）の学習指導要領では「主体的・対話的で深い学び」を実現することが目指されており，教師はこうした目標を意識して授業を設計することが求められる。学習内容を深く理解した状態とは，さまざまな知識が相互に関連づけられた状態を指す。たとえば，平行四辺形の面積の求め方について，「面積＝底辺×高さ」といった公式が言えるだけではなく，「平行四辺形とはどのような図形か」「底辺とはどこを指すか」「高さとはどの部分を指すのか」といったイメージ，「なぜこの手続きで面積が求められるのか」といった理由などが相互に関連づいた状態で捉えられていることが重要である。

　では，授業の中で深い学びを実現するには，どのような工夫ができるであろうか。現行の学習指導要領では，周知のポイントとして，教師の説明を聞く受容学習と，学習者が対話的に学ぶ協同学習をバランスよく設定することが重要であるとされている。本章ではこうした点を踏まえ，受容学習と協同学習それぞれについて，実証的な研究知見にも触れながら，指導上の工夫のポイントを述べていく。

第 2 節　受容学習

　受容学習場面において教師が行える工夫を考えるうえでは，オースベル（D. P. Ausubel）らの**有意味受容学習理論**を押さえておくことが重要であろう。この理論では，外部から与えられた情報は，自身の中の知識構造に取り込まれることで理解されると考えられている（Ausubel, Novak, & Hanesian, 1968）。逆に言えば，説明された内容が理解できるかは，学習者の既有知識の構造に大きく依存することとなる。すでに自身の中に，学習内容と関連する既有知識をもっている学習者は，抽象的で難解な情報が与えられても，それらをスムーズに取り込んでいくことが可能であるのに対し，関連する知識がない学習者は，自身の知識と結びつけることができないため，理解することができないのである。

1. 説明上の工夫

　この理論に基づけば，深い理解を促す説明を行うためには，知識同士を関連づけることが重要となるといえる。したがって，教科の学習内容について，個々の知識を伝えるだけでなく，そうした知識が成り立っている理由を説明するなどして，知識同士を積極的に関連づけることが求められる。ブランスフォード（J. D. Bransford）とステイン（B. S. Stein）は，「眠い男が水差しを持っていた」などの文を提示して記憶する場合，「眠い男が（コーヒーメーカーに入れるため）水差しを持っていた」といったように，理由が挿入された文

の方が，元の文で記憶するよりも記憶成績がよくなることを示した (Bransford & Stein, 1984)。これは，我々が「眠気覚ましにはコーヒーを飲むとよい」「コーヒーを淹れるためには水差しが必要だ」といった既有知識をもっており，「コーヒーメーカーに入れるため」といった理由を伴っていることで，自身の既有知識と結びき，内容を深く理解することができるためである。この話を教科の学習に落とし込むならば，算数の平行四辺形の面積の公式を教える際にも，「なぜ平行四辺形の面積は底辺×高さで求まるのか」「平行四辺形と台形の面積の求め方はどこがどのように違うのか」を扱うことは，手続きや公式の単なる暗記にとどめず，さまざまな知識が関連づいた深い理解を促すうえで重要であろう。

　授業で扱われる新奇な情報を学習者の既有知識と結びつけやすくするには，具体例やアナロジー（比喩）を用いて説明することも重要となる。この話は何も授業に限った話ではない。プレゼンなどで非常にわかりやすい説明をしている人は往々にして，具体例を挙げるなどして，聞き手の知っている内容をうまく利用しながら説明を行っているはずである。

2.　視覚的情報の活用

　知識が関連づけられた深い理解を実現するうえでは，情報を提示する際に，言葉による説明だけでなく，イメージを用いるなどして，情報を関連づけていくことが有効である。たとえば，ハートリー (J. Hartley) は，「タージマハルとはどのような外観か」といった視覚的な概念や，「2つの対象物の大きさの違い」といった空間的な概念を示すうえで，イラストや写真が最も効果的であることを示している (Hartley, 1994)。ただし，イラストや写真を使用する場合には，学習者の正しい理解につながらない可能性にも配慮する必要がある。たとえば「哺乳類とは何か」について教える際に，イヌやネコのみの写真を提示した場合，「哺乳類は毛が生えていて4本足の生物である」といった誤概念を形成させてしまい，学習者はクジラやイルカ，人間などを哺乳類ではないと考えてしまう可能性がある。こうした問題に対しては，常に学習者が学んだ内容をどのように理解しているかをチェックする姿勢が求め

られる。

　その他にも，数学の学習において「反比例」といった概念を教える際には，「反比例とは積が一定になるような 2 つの数である」といったように言語的な定義を伝えるだけでなく，反比例の関係を表したグラフのイメージを用いて説明を行い，言葉とイメージを結びつけながら深い理解を促していくことが重要となる。立体の断面図や，動点問題などのイメージは，黒板やノートなどの平面では表現しづらい。こうした場合には，パソコンや電子黒板，タブレット端末などの ICT (Information and Communication Technology) を利用して情報を提示すれば，学習者の理解を促すことができるであろう。

3.　事前知識の提示

　学習者が既有知識に新たな情報を取り込むことで内容を深く理解しているのであれば，これから学ぶ内容について，先に大まかな知識を与えておくことは，非常に有効な手段となる。オースベルは，歴史の文章を題材として，**先行オーガナイザー** (本文の内容を短くまとめた前置きの文章) を与えた場合と与えない場合の理解度を比較しており，前者の方が本文の理解度が高かったことが報告されている (Ausubel, 1960)。

　こうした知見をふまえ，篠ヶ谷 (2008) は，中学生の歴史 (第一次世界大戦) の授業で，授業前に 5 分間教科書を読ませて予習させることの効果を検討している。通常，歴史の教科書には「どのような事件が起こったか」「どのような国がどのような行動をしたか」などの個々の史実について記述されているが，「なぜそのような事件が起こったか」「なぜその国はそのような行動をとったのか」などの史実の背景因果までは記述されていない。そのため，授業では深い理解を目指してこうした背景因果について詳しい説明を行った。その結果，授業前に 5 分間の予習を行ったクラスとそうではないクラスでは授業理解度に違いが生じることが示された。具体的には，教科書を読んで，事前に授業内容に関する大まかな知識を得たクラスの方が，授業の中で説明された個々の史実の背景因果まで理解できたのである。こうした効果は，予習といった形でなくとも，冒頭に授業の大まかな流れを示すだけでも期待で

きる。

　以上のように，**有意味受容学習理論**のポイント，すなわち，学習者が自身の既有知識に新たな情報を取り込みながら理解していることを押さえることで，説明を行う際に，学習者の既有知識と新しい情報を関連づけるための工夫が行えるようになるといえる。

第 3 節　協同学習

　知識同士を関連づけ，深い理解を実現するうえでは，教師の説明を聞くだけでなく，学習者同士で説明しあう，協力して問題を解決するなど，協同的な学習を行っていくことも重要である。授業で教師の説明を聞いただけでは，学習者は自分の「外」にある知識を一方的に取り込んだ状態であり，単独で思考に使用できるほど深く理解できているわけではない。こうした状態を脱し，深い理解に至るには，学習者自身が言語化を行う必要がある。他者とやりとりを繰り返すことで理解が深まり，学んだ知識を自身の思考の道具として使用できるようになるのである。また，他者と相互作用を行うことで，互いの意見の違いや知識の違いに気づき，**認知的葛藤**が生じる。こうした葛藤を解消しようとすることで，知識の比較や統合が促され，さまざまな知識が関連づけられた深い理解に至ることが期待される。

1. 説明活動

　深い理解を実現するうえで，学んだ内容を学習者自身に説明させることは重要である。説明することには，知識の精緻化を促す効果がある。説明を行う中で学習者の中のさまざまな知識が関連づけられ，断片的な知識を記憶している状態から，内容を深く理解した状態となっていく。また，説明することは，モニタリングを促す機能ももっている。モニタリングとは，自身の理解状態を把握する作業である。私たちは，たとえ大人であっても自分の理解状態を正確に把握することは難しいといわれているが，人に説明するなどし

て言語化することで，モニタリングの正確さを高めることができる。自分の言葉で説明してみて，うまく説明できれば理解できていることがわかり，うまく説明できなければ理解できていないことがわかるからである。

　こうした説明活動の効果を授業の中で実現するには，教師から説明を行うだけではなく，授業の中に他者に説明する場面を設定すればよい。この説明活動をうまく取り入れた指導法として，アロンソン（E. Aronson）らの考案したジグソー学習がある（Aronson et al., 1975）。この方法では，まず学習者をいくつかの小グループに分ける。そのうえで学習課題をいくつかの課題に分け，グループのメンバーはそれぞれ担当部分を決める。そこから，担当部分ごとに新たなグループを構成し，そのグループの中で議論，相談しながら，それぞれ，担当部分の理解を深めていく（カウンターパートセッション）。そのうえで，元のグループに戻り，他のメンバーに対して自身の担当する内容を教える（ジグソーセッション）。つまり，学習者は自分が割り当てられた部分のエキスパートとなって，担当した内容を他のメンバーに教えていかなければならない。このようにして，すべてのメンバーが担当部分を教えることで，学習課題全体を理解することが可能となる。ジグソー学習は，すべての学習者が自身の担当部分を教える責任を背負うことになるため，各担当者はカウンターパートセッションにおいて，確実に内容を理解しようとして，積極的に議論に参加するようになる。説明活動を授業に取り入れるのであれば，このように，学習者の活動への関与を高める工夫が重要になるといえる。

2.　協同的問題解決

　学習者同士の協同的な問題解決を中心に据えた授業設計の代表的な例として，**仮説実験授業**（板倉・上廻，1965）が挙げられる。仮説実験授業では，学習者は，①結果を予想する，②根拠を議論する，③実験を行う，④結果について吟味するといった手続きで活動を行っていく。自身の予想と実際の結果が異なることで，学習者はこの矛盾（**認知的葛藤**）を解消しようと動機づけられる。

　たとえば，高垣ら（2007）では，小学生の理科の「水溶液」の学習での学

習者の議論の様子が分析されている。この授業の実験で，学習者たちは「アンモニア水には固体が溶けているのではないか」といった仮説のもとでアンモニア水を蒸発させたが，何も残らなかった。この結果を受け，「もともとアンモニア水には何も溶けていなかったのではないか」といった意見を提出した児童に対し，「普通の水じゃないんだから何も溶けていないはずがない」といった反論がなされるなど，学習者たちは認知的葛藤を解消するために議論を重ね，最終的に「アンモニア水ににおいのする気体が溶けている」という，科学的概念と一致する見解にたどりついた。このように，協同的問題解決の過程で，認知的葛藤をきっかけとして知識の比較や統合がなされ，知識同士が関連づけられた豊かな知識が構築されていくといえる。

　ただし，仮説実験授業のように協同的問題解決を行う授業では，常に効果的な学習が成立するわけではない。単にグループで議論させても，ジョンソン（D. W. Johnson）らが指摘しているように，一人の学習者が一方的に問題を解き，他のメンバーが同調するだけとなる，個々の学習者が黙々と問題を解く，課題と関係のないおしゃべりに終始してしまうなど，さまざまな問題が生じる（Johnson et al., 1984）。こうした場合には，まず学習者の直感的な予想と異なる結果となる課題を用意することが重要であり，また，責任の分散が生じないように，役割を付与するなどの工夫も求められる。たとえば，前出の高垣ら（2007）では，リーダー役や評価役などの役割を与えてグループ学習を行わせたことで，それぞれの役割に即した発話が促され，効果的なやりとりが生み出されていた。その他にも，松尾・丸野（2008）では，「人の意見は否定しない」「他の人の意見をしっかりと聞く」など，他者と協同を行う際に守るべき基本的なルールである**グラウンド・ルール**の重要性を指摘している。

第 4 節　効果の個人差とその対応

1. 指導の効果の個人差

　ここまで，深い理解を促すための指導上の工夫を述べてきたが，指導の効

果には必ずといってよいほど個人差が生じる。クロンバック（L. J. Cron-bach）はこうした現象を**適性処遇交互作用**（Aptitude Treatment Interaction）と呼んだ（Cronbach, 1957）。たとえば，教師が知識伝達を行う受容学習中心の授業と，学習者が対話的に学ぶ協同学習中心の授業の効果を比較した場合，話すことが苦手な学習者には前者の授業が有効であり，他の人と積極的に話すことができる学習者には後者の授業の方が効果的かもしれない。本章第2節において，授業の冒頭に予習時間を設定することの効果（篠ヶ谷, 2008）を紹介したが，この研究でも適性処遇交互作用が生じており，予習の効果は学習者の学習観（学習に対する考え方）によって異なることが報告されている。具体的には，歴史の学習において，知識のつながりを理解することを重視している学習者の場合，予習で得た知識をもとに授業内容の理解が深められていたのに対し，このような姿勢が弱い学習者では，期待されるような予習の効果が生じていなかったのである。

　このように，学習指導の効果に個人差が生じてしまう場合の対処法としては，学習者に合わせて指導法を変えることが挙げられる。たとえば，学習者の知能レベルによって学習指導の効果に差が生じてしまうのであれば，知能レベルに基づいてクラスを編成し，クラスごとに異なる方法で指導していけばよい。実際，こうした対応は，「能力別クラス」「習熟度別クラス」といった形で，学校現場において取り入れられている。

2. 方略指導の重要性

　ただし，クラス編成は，学年全体，学校全体のカリキュラムに関わる作業であり，実際に生じているあらゆる適性処遇交互作用に合わせてクラスを編成し直すことはあまりにも負担が大きく，現実的ではない。このような場合，指導の効果の個人差の原因となっている学習者の方略に着目し，必要な方略を直接指導していくことが重要であろう。たとえば，篠ヶ谷（2008）で予習の効果に個人差が生じた背景には，予習中にどのような方略を用いていたかが関係していると考えられる。予習に基づき，授業で理解を深めていくためには，教科書を読んで予習する際に，個々の史実に関する知識を押さえるだ

けでなく，「何がわからないかをチェックする」「授業でどのようなことを理解したいかを決める」などの作業をしておく必要がある。歴史の学習において，知識のつながりの理解を重視している学習者は，予習を行う中で自発的にこうした方略を用いていたために，授業で重要な情報に注意が当てられるようになり，内容を深く理解することができていたと考えられる。実際，篠ヶ谷 (2013) では，教科書を読んで予習をする際に，どのような情報を押さえておくべきか，どのような問いを生成しておくべきかを指導した結果，多くの学習者が，授業の中で史実の背景因果に注意を向け，そうした情報に関するメモがノートにとれるようになったことが報告されている。

　協同学習を行わせる場合にも，質の高いやりとりを実現するためには，「効果的な説明の仕方」や「議論の仕方」などの方略を教えていくことが必要となる。たとえば，仮説実験授業のように，実験結果をもとに議論を行うためには，実験結果に基づいて自身が立てた仮説を評価し，修正していくという一連の方略知識をもっている必要がある。小林 (2007) は，このような方略に関する知識を「**仮説評価スキーマ**」と呼び，仮説を評価していく一連の手続きについて直接指導を行うことで，実験を用いた授業展開の効果が高められることを報告している。

第 5 節　おわりに

　本章では教師が説明を行う受容学習場面，学習者が対話的に学習を行う協同学習場面それぞれにおいて，指導者が行えるさまざまな工夫を紹介したが，当然のことながら学習指導に正解などない。重要なことは，多くの指導レパートリーをもっておくこと，そして，指導目標や学習者の状況に合わせて工夫を選択できることである。

　また，前節で述べたように，学習指導を行ううえでは，自身の授業設計に工夫を加えるだけでなく，指導の効果が生起するために必要となる方略を学習者に直接指導していくことも必要となる。学習活動を支えるさまざまな学

習方略を獲得しているかによって，学習指導の効果に個人差が生じてしまうのであれば，そうした方略を指導していかなければ，学力格差はさらに拡大していってしまう。

　授業内の活動を成立させるために必要な方略を指導することは，学習者が一人で行う学習の質を高めることにもつながる。学力は，知識や技能，思考力や表現力などの「学んだ力としての学力」と，学習習慣や学習方法，学習意欲などの「学ぶ力としての学力」で構成されており（市川，2004），生涯にわたって効果的に学び続けていくうえでは，後者の力，すなわち「学ぶ力としての学力」が重要となる。普段の授業で学習指導を行う際には，学習を成り立たせるさまざまな方略を直接指導しながら，学んだ力としての学力と，学ぶ力としての学力の双方を育成していくことが求められるであろう。

[篠ヶ谷　圭太]

● **考えてみよう！**

▶ 近年では電子黒板やタブレット端末などの ICT を活用した授業が推奨されているが，これらはあくまでも授業の目標を達成するためのツールであり，ICT を使うこと自体が目的となってしまっては本末転倒である。ICT を活用することで学習者にどのような力をつけることが可能になるのであろうか。また，ICT はどのような内容を教える際に，どのように使うと効果的なのであろうか。

▶ 本章では，予習を行うなどして事前知識を得ておくことで，授業内容の深い理解が促されることを述べたが，単に予習してくるように指示しても，学習者が予習しないことは想像に難くないであろう。予習を促すには，教師は日々の学習指導の中でどのような工夫ができるであろうか。また，授業で学んだ知識を定着させ，理解を深めていくうえで，授業後にはどのような学習を行うと効果的なのであろうか。

● **引用・参考文献**

Aronson, E., Balney, N. T., Sikes, J., Stephan, C., & Snapp, M.（1975）. Busing and racial tension: The jigsaw route to learning and liking. *Psychological Today*, Feb., 43-

59.

Ausubel, D. P., Novak, J. D., & Hanesian, H.（1968）. *Educational psychology: A cognitive view*. New York: Holt, Rinehart, and Winston.

Ausubel, D. P.（1960）. The use of advance organizers in the learning and retention of meaningful verbal material. *Journal of Educational Psychology, 51*（5）, 267-272.

Bransford, J. D., & Stein, B. S.（1984）. *The ideal problem solver: A guide for improving thinking, learning, and creativity*. New York: W. H. Freeman.

Cronbach, L. J.（1957）. The two disciplines of scientific psychology. American *Psychologist*, 12, 671-684.

Hartley, J.（1994）. *Designing instructional text*（3rd ed.）. Oxon, Routledge-Falmer.

市川伸一（2004）. 学ぶ意欲とスキルを育てる―いま求められる学力向上策―　小学館.

市川伸一（2008）. 「教えて考えさせる授業」を創る―基礎基本の定着・深化・活用を促す「習得型」授業設計―　図書文化.

板倉聖宣・上廻　昭（1965）. 仮説実験授業入門　明治図書.

Johnson, D. W., Johnson, R., & Holubec, E. J.（1984）. *Circles of Learning: Cooperation in the Classroom*. Interaction Book Co.

小林寛子（2007）. 協同的発見活動における「仮説評価スキーマ」教示の効果　教育心理学研究, 55, 48-59.

松尾剛・丸野俊一（2007）. 子どもが主体的に考え, 学び合う授業を熟練教師はいかに実現しているか　教育心理学研究, 55, 93-105.

Schwartz, D. L., Chase, C. C., Oppezzo, M. A., & Chin, D. B.（2011）. Practicing versus inventing with contrasting cases: The effects of telling first on learning and transfer. *Journal of Educational Psychology, 103*, 759-775.

篠ヶ谷圭太（2008）. 予習が授業理解に与える影響とそのプロセスの検討―学習観の個人差に注目して―　教育心理学研究, 56, 256-267.

篠ヶ谷圭太（2013）. 予習時の質問生成への介入および解答作成が授業理解に与える影響とそのプロセスの検討　教育心理学研究, 61, 351-361.

高垣マユミ・田爪宏二・松瀬歩（2007）. 相互教授と概念変容教授を関連づけた学習環境の設定による概念変化の促進―溶解時の質量保存の事例的検討―　教育心理学研究, 55, 426-437.

▶ 受容学習と協同学習の接合

　本章では受容学習と協同学習に焦点を当て，それぞれの指導で重要な点を述べたが，実際に授業を設計するうえでは，教師が教えることと，学習者自身に考えさせることを効果的に組み合わせることが重要となる。受容学習と協同学習を組み合わせた授業設計の一例としては，「教えて考えさせる授業」（市川，2008）が挙げられる。この授業では，教師の方から体系的な説明を行い，学習者にも説明させるなどの理解確認を行ってから，より発展的な課題に協同で取り組んでいく。一方で，シュワルツら（Schwartz, 2011）では，学習者に密度や速さなどの公式を見つけるよう考えさせてから，教師が体系的な説明を行うことで，割合の概念理解が促されることが報告されている。残念ながら，これまでには「教えて考えさせる授業」と「考えさせてから教える授業」を直接比較した研究は行われておらず，どちらが効果的であるかは実証的に示されてはいない。いずれにせよ，「教師が工夫を凝らした説明を行うこと」や「生徒にじっくり考えさせること」など，授業中の活動それ自体を目的とするのではなく，学習者の知識やスキル，動機づけがどのように変容することを目標とするのかを具体的に設定すること，そのうえで学習者がどのような点でつまずきそうかを予測し，そうした問題への対処方法を考えながら授業を設計することが重要であるといえる。　　　　　　　　　　　　　　［篠ヶ谷 圭太］

第12章

教育評価

─●本章のねらい●─

　現代における教育評価では，目標準拠評価を基盤にして「逆向き設計」と「一人ひとりをいかす教え方」という授業づくりの理論が発展しつつある。本章は，教育評価の基本を踏まえつつ，指導と評価の一体化を体現する教育評価の考え方について紹介し，教育評価の社会的影響についても検討を進める。

第1節　教育評価の動向

1. 教育評価の進歩

　教育評価は，教育に関する方法の一部である。教育方法は教育目標によって決まることから，設定される目標によって評価の方法も異なる。現在，私たちの社会では，高度情報化やグローバル化，人工知能の時代を迎え，学校で育成すべき学力は，自ら学ぶ意欲や思考力，判断力，表現力などの資質や能力を重視する学力へと変わりつつある。このような学力観に基づいた教育を実践するためには，一人ひとりが自らのよさや可能性を発揮してさまざまな対象に進んでかかわり，自分の課題を見つけ，主体的に思考・判断・表現することを通して解決するような学習活動を用意することが必要である。そして，それと同時に，そのような学習活動を支えるような指導と一体化した評価が必要である。

　その一方，実際の学校では，教師は授業計画を行った後で，どのように評価すればよいかという問題に取り組みがちである。しかし，本来は教育目標を達成した学習者の姿を明らかにすることがまず授業作りの出発地点となるべきである。その教育目標の到達の程度がどのような評価資料のどのような特徴から判断できるのかを具体化した後，そのねらいが達成されるための学習環境を設計することが，現代社会の求める質の高い教育成果をもたらす。つまり，教育評価はただ学習者の学びの成果を価値判断し，それを学習者本人にフィードバックして終わるというものではない。むしろ，教育目標を教師と学習者が共有し，学習者の評価資料を収集・分析し，当該の学習者がその教育目標を達成するために必要な学習環境の調整を行うところまでを教育評価と捉えるのが現代的な教育評価のあり方である。

　このように，評価は指導と一体化するべきものであることは随分以前より指摘されている。たとえば，梶田叡一（1982）は，次のように述べている。

　　学校教育現場において行われる教育評価は，まず教授活動と学習活動を方
　　向づけるもの，児童・生徒の全面的な成長・発達の途中経過を示すもの，
　　そして児童・生徒にあきらめをもたらすものではなく発奮をもたらすもの，
　　などといった諸条件を備えたものでなくてはならない。これらの条件を備
　　えた評価を現実のものとするためには，評価の具体的形態の改革も必要で
　　あろうが，それよりはるかに重要なのは，評価を組み込んだ指導の在り方
　　に関する改革あるいは工夫の問題であろう（梶田，1982，pp.11-12）

　この指摘からおよそ40年が経とうとしている今，評価を組み込んだ指導のあり方は学校教育に浸透したであろうか。多くの点で，評価のあり方や考え方は目覚ましい進展を遂げたことは事実であるが，今なお教科書をその順序どおりに教え，特定の時期が来れば，ペーパーテストで学習の成果を「評価」し，児童生徒に発奮をもたらすというよりも，あきらめをもたらすものとして評価は認識されていることが多いのではないだろうか。

　本章は，梶田（1982）の指摘にも沿った取り組みとして，近年広く評価されているグラント・ウィギンズ（Grant Wiggins）とジェイ・マクタイ（Jay McTighe）の「逆向き設計」という枠組みと，キャロル・トムリンソン（Carol

Tomlinson) による「一人ひとりをいかす教え方」(トムリンソン, 2017, トム
リンソン・ムーン, 2018) という枠組みを中心に, 評価のあり方に関する近年
の展開を紹介したい。これら 2 つの動向は, もともと異なる研究者から提案
されたものであるが, 近年になって両者は統合された枠組みへと発展しつつ
ある。これらはともに**目標準拠評価**の考え方を発展させたものである。次節
では, それらに先立って, 教育評価における基本的な概念を紹介する。

第 2 節　教育評価の基本概念

1. 教育評価とは

　教育の文脈における評価は, その対象をどのような細やかさによって分類
するか, そしてどのような観点からみるかによって, さまざまに分類するこ
とができる。個人, プログラム, 学校等, 評価対象の規模によって重要にな
ってくる要素は異なるが, 本章では特に学習者を教師が評価する場面を念頭
においている。本節の以下では, 評価をその基準や授業展開プロセスにおけ
る機能, 評価する主体による分類に加えて, 学習到達目標に関する基本的な
用語の解説を行う。

　なお, 田中耕治 (2008) によると, 評価に対応する英単語には**エバリュエ
ーション** (evaluation) と**アセスメント** (assessment) という 2 つがあり, 現在,
この 2 つの用語に対する捉え方には, いくつかの異なる捉え方が存在する。
本章では, アセスメントを「多角的な視点から, 多様な評価方法によって評
価資料を収集すること」, エバリュエーションを「アセスメントによって得
られた資料から, その教育実践の目標に照らして達成度を価値判断する行為
であって, さらにはそれに基づいて改善の方策を打ち出す行為」と捉えてい
る。本章で扱う「評価」はエバリュエーションという用語を主に指している。

2．基準による評価の分類

(1) 認定評価

　教師が暗黙にもっている，あるいは教師本人も言語化することができないような曖昧な基準に基づく評価を**認定評価**と呼ぶ。このような評価方法は教師を他と比べることのできない唯一の基準として進めることになるため，**絶対評価**とも呼ばれることがある。認定評価は不公平で説明責任を果たすことができないため，避けるべきものである。なお，教育関係者の中には，この後に取り上げる「目標に準拠した評価」を「絶対評価」と呼ぶ向きもあるが，誤解を招きかねないため推奨されない（田中，2008）。

(2) 集団準拠評価

　集団準拠評価（または，集団に準拠した評価）は，集団における個人の相対的な位置に基づく評価であり，相対評価としても知られている。本来，教科や測定方法が異なる得点を比較することはできないが，集団の平均値と標準偏差に基づいて個人が獲得した得点の位置づけを相対的に知ることで，どの教科や測定方法によって得た値でも比較可能になる。

　しかしながら，集団準拠評価は，学習内容に焦点化されておらず，他者との比較によって自分の位置づけが決まるため，外発的動機づけに繋がりやすいことが知られている。そのため現在では通知表等の評価は，次に解説する目標準拠評価が用いられている。なお，教育現場では特に「相対評価を加味した絶対評価」というような言われ方が用いられることがあるが，そのような概念は学問上存在しない。

(3) 目標準拠評価

　目標準拠評価（または，目標に準拠した評価）は，あらかじめ設定した学習目標をどの程度の水準で達成したかによって学習者の学習成果を評価するものである。相対的評価は子どもの内発的動機づけを低下させたのに対して，到達度評価は内発的動機づけを促進させることが知られている（鹿毛・並木，1990）。

　なお，目標準拠評価はあらかじめ設定された目標以外の成果の評価を排除

するものではない。より大きな学習目標から鑑みて，意義のある成果は成績評価に積極的に組み込むことを否定しない。もとより目標準拠評価で設定される学習目標は絶対的なものではない。学習目標はその時点の見解として明確化されたものであり，学習者が主体的にかかわる教育実践を通して検証・改善されるべきものであるとブルームは指摘している（ブルーム，1986）。

3. 学習到達目標

　目標準拠評価に用いられる目標が，学習到達目標である。学習到達目標に関連した用語には，「評価規準」「評価観点」「評価基準」等がある。これらは学習指導案でもしばしば使われる用語である。

(1) 評価規準

　評価規準とは，学習を通して能力や技術，知識，態度等を身につけた学習者の姿を比較的具体的な言葉で示したものを指す。評価基準と発音上区別するため，「のりじゅん」と呼ばれることもある。たとえば，小学校 2 年生の算数において，「乗法が用いられる場面を式に表したり，式を読み取ったりすることができる」というものが評価規準である。

(2) 評価観点

　評価観点とは，評価規準を短い言葉で示したものを指す。ほとんどの場合，評価観点は学習指導要領で設定されたものを用いることが多い。評価観点を用いることによって授業者がその学習指導案によって何を意図したのか他者に説明しやすいものになり，教師間のコミュニケーションを促進することができる。上の評価規準の一例に対して，評価観点を設定するならば，学習指導要領を参考に，「数量や図形についての技能」という評価観点を設定することができる。

(3) 評価基準

　評価基準とは，評価規準で示された内容について，どの程度の水準ならば

十分な到達度であるといえるか，どの程度の水準ならば概ね満足できる到達度であるといえるかなど，評価の判断基準を示したものである。評価規準と発音上区別するため，「もとじゅん」と呼ばれることもある。

4. 診断／形成／総括的評価

　指導と評価の一体化をねらった古典的なアプローチであるベンジャミン・ブルーム（Benjamin S. Bloom）の完全習得学習によって，診断的評価，形成的評価，総括的評価という用語が普及した（Bloom, 1968）。**診断的評価**とは，新しい単元等に入る前に，その学習に必要な知識・技能や理解がどの程度習得できているか把握するための小テスト等を実施することで行われる。そのように新しい学習を始める段階における，学習目標への隔たりのことを**レディネス**と呼ぶ（トムリンソン，2018）。到達度が低い場合には，補充指導が行われる。**形成的評価**は，新しい内容の学習を進めながら，小刻みに行われるが，教師が想定する水準に到達していない場合には，補充指導や指導方法の改善が行われる。また，すでに理解している生徒には学習の定着や発展学習にその時間を充てる。このようなサイクルで，一連の単元等を終えた後，最終テストを実施する。この最終テストの結果に基づいて，学習成果を判断することが**総括的評価**である。

　この学習過程に位置づけられた3つの評価は，**完全習得学習**と名づけられた指導の枠組みによって，広く知られることとなった。ブルームは特に形成的評価を重視し，評価と指導を一体化させ，循環させることで，学習者の90％以上の者が学習目標をクリアできると考えた。時間を潤沢にかければそのような成果を出すことは当然と考えることもできるが，ブルームの提案で重要だったのは，形成的評価の結果によって教師がそのあり方を改善すべきであるという見方である。学習の進捗が思わしくない場合に，教師の教え方にその原因を求め，授業を積極的に改善していくというのは，当たり前のことにみえて，実は比較的最近になって導入された考え方だといえる。

5. 評価主体に基づく分類

　評価はそれを誰が行うかその主体によっても区別される。自己評価は，自分で自分を評価する場合を指す。他者評価は，生徒が教師を評価する，教師が生徒を評価する，あるいは保護者が教師を評価するなど，立場が異なる人の間で行われる評価を指す。生徒同士や教師同士など，立場が同じ人の間で行われる評価は相互評価と呼ばれる。

　なかでも自己評価は，学習を自らの責任で行っていく主体的学習者の育成に重要な役割をもっているため，現代的な教育目標を達成するためには不可欠である。同時に，主観的な評価をただ学習者に行わせることだけではなく，以下で述べるようなパフォーマンス評価などを通して，自己のもつ観点と他者のもつ観点との相違を埋めながらも，自分自身の位置づけを独自に見出していくような相互主観的な取り組みが必要とされる。学校ではしばしば，授業の後に，各自の学びについて「理解できた」「クラスメートと協力して取り組むことができた」といった項目を小さな紙片に記載し，自己評定をするような取り組みを見ることがある。それ自体は導入する目的によっては意味のある取り組みになりうるが，そのような自己評定をただ手続きとして導入するだけで，主体的な学び手の育成に繋がるわけではない。本章のコラムでも紹介するような，自らの学びに責任をもって取り組む学習者の育成には，学校や教師が学習者に高い期待をもち，自発性を育む機会に取り囲まれた学習環境の設計が必須である。

第3節　指導と評価の一体化

1. 学習目標の明確化

　現代の教育方法において，効果的な教育評価の基盤として捉えられているのが，学習目標の明確化である。カリキュラムを設計する最初の段階に，学習者に達成してほしい学習成果を設定する。この学習目標の設定は，通常，複数の水準において設定される。ブルームの教育目標「**分類学**」(**タキソノミー**)

は，その典型的なものである。

　このとき同時に考慮すべきことは，達成すべき学習目標の水準が高いレベルに設定されることが現代社会において求められているという点である。たとえば，2017・18年告示の学習指導要領にはさまざまな新しい提案が含まれているが，このさまざまな取り組みに通底するのが，コンテンツ・ベースからコンピテンシー・ベースへの移行である。コンテンツとは学習する内容のことであり，コンピテンシーとは資質・能力のことである。すなわち，これまでは教科書に書いてある内容を理解することが求められていたのに対し，今後は学習した内容を使って問題解決できることが求められている。たとえば，英語においては英文法をルールとして理解したことをペーパーテストの結果で示すことではなく，実際に英語を使って第三者に道案内できることが求められている。そのため，学習目標が常に複数の水準から構成されていたとしても，重視されるべき水準は資質・能力の水準である。

2. 逆向き設計

　逆向き設計とは，学習者の学びが達成された姿をどのように評価できるかを具体化するところから，授業設計をするための一連の手法である。学校教育に見られがちな網羅志向（教科書に書かれてあることをすべて網羅的に扱うことを大事にして進める傾向）と活動志向（学習者にとって楽しい活動を組み立てることが最優先となってしまい，活動を経て達する理解について検討されない傾向）の2つの問題の克服を狙っている（ウィギンズ＆マクタイ，2012）。

　逆向き設計では，授業を組み立てる際に，永続的理解を学習目標として設定する。永続的理解とは，数年たって詳細を忘れた後でも身についていて，学問の中心にあり，教室の中だけでなく，生活場面などさまざまな状況に転移可能で，価値をもつような理解のことである。それを支える手立ての柱となるのが，**本質的な問い**である。本質的な問いとは，カリキュラムや教科の中心にあり，探究を促したり，本質的な内容を看破することを促進したりするような問いである。この本質的な問いは，特定の教科や単元にだけ関係のあるものもあるが，通常は，学年や教科を越えて，発展的に問い続けること

のできる問いである。たとえば，「どのように伝えれば相手が理解できるか」という問いであれば，国語のスピーチや作文に加えて，外国でのコミュニケーションや算数・数学での解法の説明，さらには探究型のプロジェクトにおける企画案や研究成果の発表等，さまざまな教科・活動を越えて，繰り返し関係づけることが可能である。このようにカリキュラムの中で，年度や教科，学校種さえも越えて，学びを探究的に繋げていく手立てが本質的な問いである。そのように教科や単元等を越えて設定される本質的な問いを「**包括的な問い**」と呼ぶ。

　本質的な問いは，本来的には以上のように一つの授業を越えて，学習者がものごとの本質を看破することをねらって構想されたものであるが，現在までのところ，日本での取り組み事例では，一つの授業や単元の中で展開されたものが多い。これらの問いが学習者の人生において深い洞察をもたらすものになり，生きる力としての学力につながるためには，学習指導要領との整合性を担保しつつ，その内容や教科書の内容を学習者にあわせて積極的に位置づけなおすようなカリキュラム・マネジメントが求められている。

3.　パフォーマンス評価

　パフォーマンス評価は，回答を選択したり，回答を穴埋めしたりするといった正答が一義的に決まっている客観テストでは測定することができない深い理解や，知識やスキルの活用の程度を測定するための評価であり，学習者にとって意味のある文脈において行う評価である。具体的には，口頭発表，グループ討論，演劇，ダンス，演奏，絵画・彫刻などの作品，試合，新聞，文芸，レポート，論文，そして以下に詳述するルーブリックやポートフォリオによる評価が典型的である。

　逆向き設計においては，単元の「本質的な問い」を学習者自身が追究するのに適したシナリオをもった探究的な課題をパフォーマンス評価と呼んでおり，次節のルーブリックとともに併せて作成される。優れたパフォーマンス評価の条件として，西岡・石井・田中 (2015) は次の 4 つを挙げている。①妥当性 (validity)：測りたい学力に対応していること，②真正性 (authenticity)：

学習者にとって現実味の感じられる課題になっていること，現実世界で試されるような力に対応していること，③レリバンス（relevance：関連性，切実さ）：生徒たちの身に迫り，やる気を起こさせるような課題になっていること，④レディネス（readiness）：生徒たちが背伸びをすれば手が届く程度の，ちょうどよい難しさに設定されていること。

4.　ルーブリック

　西岡加名恵（2008）によると，ルーブリックは，成功の度合いを示す数段階程度の尺度と，尺度に示された評点・標語のそれぞれに対応するパフォーマンスの記述語から成る評価基準表のことを指す。評価の観点が人によってばらつきがちな複雑で多面的な課題に有効な手段であるため，パフォーマンス評価にしばしば用いられている。逆向き設計においても，ルーブリックの作成は欠かせない。ルーブリックには成功段階が具体的に示されていることから，評価規準と評価基準が両方含まれている。

　ルーブリックは，本来，具体的で客観的な行動指標を文として表現することで，その役割を初めて果たすことができる。しかしながら，実際に教育現場で作成されているルーブリックのほとんどには，評価基準を示す文中に，「たいてい」「ほとんど」「よく」「十分に」「優れて」等，曖昧あるいは主観的な評価が含まれている。その場合，評価者が単なる段階評価として見なしてしまう可能性があり，本来の役割を果たさないことに留意すべきである。また，ルーブリックに含まれる項目が単にすべきことをリスト化したものにならないように留意すべきである。このようなルーブリックの誤った運用は，その作成プロセスの中に学習者がほとんど関与していないことに一因がある。西岡（2008）が解説するように，複数の教師が学習者の実際の作品やパフォーマンス等を参照しながら，自分たち教師がもつ学習者観，教材観，評価観，教育観等を言語化し，共有するモデレーションと呼ばれるプロセスをもつことがルーブリックの適切な運用の根幹をなしている。すべてのルーブリック作成時にモデレーションを導入するのは非現実的であるが，時にそういった機会を設けることは効果的な授業作りにとっても，また自己の学びに責任を

もった学習者を育成する学習環境を用意するうえでも欠かすことができない。

5. ポートフォリオ

　ポートフォリオとは，もともと紙挟み（スクラップ・ブック等）のことであり，デザイナーや建築家等が自分の作品などを挟んでおき，商談などにおいて作品を紹介するために使うものである。その用語が学校教育の文脈において，テスト等では捉えにくい成果を評価するために使われ始めた。特に総合的な学習の時間が導入された際に，学校が保護者にその説明責任を果たすと同時に，指導と評価が一体となった評価資料としての機能をもつものとしてその利用が広がった。現在，学校では特にプロジェクト学習やキャリア教育，あるいは各教科で用いたワークシート等を継続的に収めてふりかえりに用いられることが多い。

第4節　教育評価のインパクト

1. より広い視点の重要性

　評価にとどまることではないが，教育のさまざまな事象について学校の中だけで理解しようとすることは，より広い文脈でみた際の本質を見失ってしまうことに繋がる。特に学校における評価は，個人および社会に与える影響が甚大であるため，そのあり方を決定するには熟考が求められる。評価は学習者の能力を値踏みし，その可能性を限定するためのものではない。むしろ評価は，学習者自身が達成したいことを支援するための取り組みであり，最終的には，その方法を学習者が自己指導能力として習得していくための活動である。しかし，残念ながら私たちの社会では，評価という概念は，人々を脅かすネガティブなニュアンスをもったものとして根づいてしまっている。評価という営みが真にその機能を発揮するために何に気をつける必要があるだろうか。

2．教育評価の個人的インパクト

　学習者個人が評価される文脈では，特に評価懸念や評価のための対策がネガティブなインパクトを学習者に与えやすい。評価懸念は，評価されることに対する恐れであり，それが顕著な場合には，学習者に不安をもたらし，本来の能力を発揮しにくくする。そのようなプレッシャーに耐えることを学力の一部として捉えるべきではない。なぜならば評価懸念は，社会に浸透する差別的なバイアスと深く結びついているため，プレッシャーの高い環境下で行われる評価は，特定の社会グループに不利に働くからである。たとえば，差別的バイアスの一つに，「女性は数学に弱い」というものがある。このバイアスを試験前に意識するだけで，女性の数学の得点が下がる**ステレオタイプ脅威**と呼ばれる現象が知られている（森永，2017）。また高いプレッシャーの下では，人の思考はより浅い処理へと傾きがちである。現在の我が国はその方針として，「主体的・対話的で深い学び」を推進しており，入学試験が終われば忘れ去られてしまうような学びのあり方を改善しようとさまざまな努力が進められている。高いプレッシャーを与えるような評価のあり方自体が，教育目標の達成を阻害する可能性が高い。

　また，評価のための過剰な努力も，学習者を本来の学びから遠ざける機能をもっている。あらゆる試験は傾向があり，その対策をすることで，得点は大きく上がることは，入試対策を経験したことのある者にはよく知られている。そのため，すべての学習者ではないにせよ，学ぶということが，入試対策を行うことと同義，もしくはそれに近いものとして認識されやすくなる。生涯学習を前提した時代を迎えた今，このような試験のための学習観は，人から内発的な学習動機を奪うことにつながるため，「主体的・対話的で深い学び」を目指すのであれば，試験対策に過度の労力を割くような学習を避けるべきであろう。

3．教育評価の社会的インパクト

　教育に関わる個人にとどまらず，現代では，社会のあらゆる側面が測定に基づいて数値化され，そして評価されている。その評価結果が組織や成員に

対する予算配分等に影響を与えることは多くの組織で一般的なこととなっている。このこと自体は良い側面もあるが，実際には，評価の結果が甚大な影響をもたらす，いわゆるハイステイクな評価においては，評価のための膨大な時間と費用がかかることに加え，その活動の大部分が評価指標につながりやすいもの，成果の出やすい取り組みに繋がりやすくなるという傾向がある（ミュラー，2019）。評価はその活用方法によって，社会に悪影響をもたらすこともあることを十分に理解し，適切に活用していくことが求められる。

［富田　英司］

● 考えてみよう！

▶ なぜ従来のテスト評価に代わって，パフォーマンス評価が導入されるようになってきたのでしょうか。
▶ 目標準拠評価はどのような学習観に基づいた考え方でしょうか。

● 引用・参考文献

Bloom, B. S. (1968). Learning for Mastery. Instruction and Curriculum. Regional Education Laboratory for the Carolinas and Virginia, Topical Papers and Reprints, Number 1. *Evaluation comment, 1*(2), n2.

ブルーム，B. S.　稲葉宏雄・大西匡哉（訳）(1986).　すべての子どもにたしかな学力を　明治図書出版.（原著，1981 年）

グレイ，P.　吉田新一郎（訳）(2018).　遊びが学びに欠かせないわけ：自立した学び手を育てる　築地書館.（原著，2013 年）

鹿毛雅治 (1993).　到達度評価が児童の内発的動機づけに及ぼす効果　教育心理学研究，41，367-377.

鹿毛雅治・並木博 (1990).　児童の内発的動機づけと学習に及ぼす評価構造の効果　教育心理学研究，38，36-45.

梶田叡一 (1982).　教育における評価の理論　金子書房.

森永康子 (2017).　女性は数学が苦手　心理学評論，60(1)，49-61.

ミュラー，J. Z.　松本裕（訳）(2019).　測りすぎ：なぜパフォーマンス評価は失敗するのか？　みすず書房.（原著，2018 年）

西岡加名恵 (2008).「逆向き設計」で確かな学力を保障する　明治図書出版.

西岡加名恵・石井英真・田中耕治（2015）．新しい教育評価入門：人を育てる評価のために　有斐閣.

田中耕治（2008）．教育評価　岩波書店.

トムリンソン，C. A.　山崎敬人・山元隆春・吉田新一郎（訳）（2017）．ようこそ，一人ひとりをいかす教室へ：「違い」を力に変える学び方・教え方　北大路書房.（原著，2014年）

トムリンソン，C. A., ムーン，T. R.　山元隆春・山崎敬人・吉田新一郎（訳）（2018）．一人ひとりをいかす評価：学び方・教え方を問い直す　北大路書房.（原著，2013年）

ウィギンズ，G. P., マクタイ，J.　西岡加名恵（訳）（2012）．理解をもたらすカリキュラム設計：「逆向き設計」の理論と方法　日本標準.（原著，1998年）

● COLUMN ●

▶ 教育評価への子どもの参加

　現在，学校教育にとどまらず，社会教育さらには都市計画，地域福祉，研究開発など，さまざまな領域でその役割が期待されているのが，ステークホルダーの参加である。ステークホルダーとは，特定の活動において，重要な関係をもつ利害関係者のことを指す。学校教育においては，子ども児童生徒，その保護者，地域住民，教師，管理職，教育委員会等に相当する。学校評価の文脈では，たとえば，学校評議員制度が設けられ，そこには地域の適任者が参加したり，保護者や地域住民を対象としたアンケート結果が評価資料の重要な一部を占めたりすることがある。他方，学校の最も中心にある子どもはどうであろうか。いまのところ，子どもがカリキュラムや授業設計の策定や評価に積極的に関わるという取り組みは盛んであるとはいえない。たとえば，学校の運営に参加する義務と権利を保障するような学校は，サドベリーバレー・スクールのような例外的な試みとして存在し，その効果に多くの人が興味をもち，長年教育関係者の興味を集めて来ているが，そのような学校はまだ例外的なものである。

　しかしながら，自ら学ぶ意欲や思考力，判断力，表現力などの資質や能力を重視する学力を私たちの社会が目指していく以上，子どもは学習環境のあり方についてただ受け身で与えられたものを享受するという姿勢ではなく，自らが自らの学習について責任を負うという姿勢で，学校教育に関与することが望ましい。この参加型のアプローチを支えるような心理学的枠組みの一つとして近年注目され始めたのが自己指導学習（Self-Directed Learning）と呼ばれるものである（グレイ，2018）。自己指導学習は，進化心理学を基盤に人間が本来的に発達していくための学習環境に関する次のような6つの基本を提案している。①教育は子ども自身が責任をもつこと，②無制限の遊びの機会が提供されること，③遊びにおいて文化的道具が利用できること，④大人は評価者ではなく支援者として機能すること，⑤異年齢混合であること，⑥安定的で善良な民主的コミュニティの中で子どもが育まれること。

　本章で紹介している自己評価や目標準拠評価はただの手続きや技術を表現する中立的な概念として存在しているのではなく，上述のような参加型の社会のあり方，そして自己指導学習を代表とするような人間観に根ざし，それらを具体化する行為として展開すべきであろう。

［富田　英司］

第13章

発達の個人差と教育

● 本章のねらい ●

　発達障害のある児童生徒の行動や認知の問題と学習上の課題について概説し，二次障害の予防の重要性と，子どもの強さを活かすポジティブな教育と支援のあり方について考える。また，神経多様性という新たな発達の観点と，ICTの活用を特徴とする学びのユニバーサルデザインの考え方を紹介する。

第1節　発達の個人差か障害か

1. 発達と学び方が異なる子どもたち

　通常の学級で学習や行動の困難を抱える児童生徒が6.5％いることが報告されている（文部科学省，2012）。これらの児童生徒は一般的に「発達障害」の問題として捉えられている。

　発達障害者支援法（第二条）において発達障害は「自閉症，アスペルガー症候群その他の広汎性発達障害，学習障害，注意欠陥多動性障害その他これに類する脳機能の障害であってその症状が通常低年齢において発現するもの」と定義されている。医学的な診断名としては，精神医学の国際的な診断基準であるDSM-5に拠ると，いずれも神経発達症群に含まれ，学習障害は「限局性学習症」，注意欠陥多動性障害は「注意欠如多動症」，自閉症，アスペル

ガー症候群その他の広汎性発達障害は「自閉スペクトラム症」という名称である。

　発達障害は，教育の観点からは「学び方の違う（learning differences）」子どもたちの問題としてみることができる（上野，2006）。一方，発達障害の特徴を有しない典型的な発達は「**定型発達**（Neurotypical, Typical Development）」と呼ばれる。本章では定型的でない発達をしている児童生徒の行動や学習の特徴および支援方法について概説する。「発達障害」という枠組みに拠りながら，発達の様相と学び方が異なる子どもたちの特徴について整理する。それぞれの障害ごとに，学校でみられる困難の実態を，文部科学省（2012）の調査票の項目から抜粋して挙げる。

2. 学習障害

　学習障害（Learning Disabilities, LD）は「基本的に全般的な知的発達に遅れはないが，聞く，話す，読む，書く，計算するまたは推論する能力のうち特定のものの習得と使用に著しい困難を示す様々な状態」と定義されている（上野，2001）。一般的に 2 学年相当の学力の遅れが「著しい困難」の目安とされている。

　まず，聞くことと話すことの障害としては，以下のような問題がみられる。

- 聞き間違いがある。
- 聞きもらしがある。
- 指示の理解が難しい。
- ことばにつまったりする。
- 単語を羅列したり，短い文で内容的に乏しい話をする。

　これらは医学的には DSM-5 の「言語症」の症状，すなわち音声言語発達の問題であり，限局性学習症でなくコミュニケーション症の下位カテゴリーに入る。教育と医学の定義は必ずしも一致しない（上野，2001）。読み書きの困難は音声言語の発達の遅れを背景としていることが多いことから，教育の

分野では両者を含めて LD 圏内の問題として捉えられてきたと考えられる。

次に，読むことと書くことの障害として，以下のような問題がみられる。

- 普段あまり使わない語などを読み間違える。
- 音読が遅い。
- 文章の要点を正しく読みとることが難しい。
- 読みにくい字を書く。
- 漢字の細かい部分を書き間違える。

読み書きの LD は「**ディスレクシア (Dyslexia)**」とも呼ばれ，「発達性読み書き障害」と訳されている。音韻意識などの言語機能の問題などが根底にあると考えられており，拗音，促音，撥音，長音などの特殊音節の誤りが起こりやすい。日常生活場面では，しりとり遊びができないといった問題として現れる。日本語圏では仮名よりも漢字により深刻な問題を生じやすい。英語の学習が始まってから問題が現れることもある。

計算や推論の障害としては以下のような問題がみられる。

- 学年相応の数の意味や表し方についての理解が難しい。
- 簡単な計算が暗算でできない。
- 計算をするのにとても時間がかかる。
- 学年相応の文章題を解くのが難しい。
- 学年相応の量を比較することや，量を表す単位を理解することが難しい。
- 学年相応の図形を描くことが難しい。
- 事物の因果関係を理解することが難しい。

3. 注意欠如多動症

注意欠如多動症（ADHD）は，発達水準に不相応な程度の不注意と多動性・衝動性があることと，2 つ以上の状況でそれらの問題がみられることか

ら診断される（日本精神神経学会，2014）。以下のような問題がみられる。

① 不注意

- 学校での勉強で，細かいところまで注意を払わなかったり，不注意な間違いをしたりする。
- 指示に従えず，また仕事を最後までやり遂げない。

② 多動性

- 授業中や座っているべき時に席を離れてしまう。
- じっとしていない。または何かに駆り立てられるように活動する。

③ 衝動性

- 質問が終わらないうちに出し抜けに答えてしまう。
- 順番を待つのが難しい。

　ADHD の児童生徒は，望ましい行動や不適切な行動についての理解はできていても，その場で行動を抑制できず，集団の動きから逸脱しやすいことが問題となる。その結果，叱られたり罰せられたりすることが多く，他児からも批判的な目を向けられる。それによって自己肯定感が低下し，ネガティブな自己イメージが形成され，クラスの中で居場所がなくなる。後述する二次障害である。

4. 自閉スペクトラム症

　自閉スペクトラム症（Autism Spectrum Disorder：ASD）は，社会的コミュニケーションと対人的相互反応の障害，行動・興味または活動の限定された反復的な様式，という 2 つの特徴によって診断される（日本精神神経学会，2014）。感覚刺激に対する過敏さや鈍感さを伴うこともある。以下のような問題がみられる。

① 対人関係・社会性の問題

- 友達と仲良くしたいという気持ちはあるけれど，友達関係をうまく築

けない。

- 球技やゲームをする時，仲間と協力してプレーすることが考えられない。

② コミュニケーション・言葉の問題

- 含みのある言葉の本当の意味がわからず，表面的に言葉通りに受けとめてしまうことがある。
- 会話の仕方が形式的であり，抑揚なく話したり，間合いが取れなかったりすることがある。

③ 狭い興味・関心や強いこだわり

- 他の子どもは興味がないようなことに興味があり，「自分だけの知識世界」を持っている。
- ある行動や考えに強くこだわることによって，簡単な日常の活動ができなくなることがある。

ASD における対人コミュニケーションの問題は，語用論の側面で現れやすい。語用論とは，効果的に意図を伝達するための言語使用の問題を扱う言語学の一領域である。以下のような問題がみられる（大井，2006）。

① 意図理解の問題

- 相手の発話意図の理解困難
- 過剰な字義通りの理解

② 情報伝達の問題

- 聞き手の知識を考慮しない
- 重要な情報を後回しにする

③ 場面や相手に応じた話し方の問題

- 丁寧さの調節の失敗
- 年齢差を考慮しない話し方

④ 会話の問題

- 聞き手の注意を得ない
- 話題が維持されない

　また，精神的健康が問題になることも多い。不安やうつなどの情緒的問題を抱えるリスクは ASD の特性をもつ児童では定型発達児に比べ20倍という報告がある（神尾ら，2013）。環境への不適応，他者との関わりで生じたストレスなどによる二次障害と考えられる。

第2節　発達障害のある児童生徒への支援と教育

1. 二次障害の予防と精神的健康への配慮

　失敗経験の繰り返しから，自尊感情，自己効力感が低下し，学校生活や社会生活への適応を妨げるさまざまな問題が起こる。これは「二次障害」と呼ばれ，発達障害の人たちにとって深刻な問題である。二次障害を起こさないための予防的な対応があらゆる支援の基盤となるだろう。情緒の安定は学習やコミュニケーションの不可欠な土台だからである。二次障害への予防という観点に立つと，発達障害のある子どもへの支援のあり方として，できないことばかりに目を向けないこと，強さや良さなど，子どもの特性を前向きに評価し支援につなげることが重要となる。

2. アセスメントと強さを活かす支援

　子どものもつ強さを客観的な根拠に基づいて把握するためにはアセスメントが不可欠である。WISC-Ⅳなどの心理テストによって認知特性を知る心理測定によるアセスメントと学級での諸活動への参加の実態を行動観察や関係者からの情報聴取を通して把握するインフォーマルなアセスメントがある。

　アセスメントで使用される検査として最もよく使用されているのはWISC-Ⅳであろう。WISC-Ⅳは全検査 IQ と，言語理解，知覚推理，ワーキングメモリー，処理速度という4つの指標得点が算出される。また，日本版 K-ABC Ⅱも特別支援教育において用いられることが多い。認知能力と学力との関係を探ることができる点にこの検査のメリットがある。認知尺度と習得尺度からなり，認知尺度は継次処理や同時処理など情報処理の様式の観

点から評価がなされる。

　これらの検査の結果から，個人間差と個人内差の有無や特徴の把握を行う。個人間差は同年齢の児童生徒の平均値からどのくらい離れているかを把握する医学的診断や就学先の判定を行うために有用な評価の観点である。個人内差は強さのある領域と弱さのある領域の差を把握し，個別の指導計画を立てるために有用な評価の観点である。

3. LD の児童生徒への学習支援

　認知特性に応じた強さを活用した指導を行う。漢字書字に困難のある場合を例にとり，小池ら（2002）の指導法を紹介する。継次処理（聴覚的なワーキングメモリー）に強さのある児童生徒には，線の種類を順番に唱えて書き方を学習する方法が有効である。また，同時処理（視覚的認知）に強さのある児童生徒には，漢字のそれぞれの画を色分けし，色を手がかりとして文字を構成する部分の組み合わせを学習する方法が有効である。

　また，読み書きスキルを習得するための指導とともに，困難を補う方向の支援も重要である。たとえば教科書の文章読解が困難な場合，児童生徒の語彙力・読解力に応じて教科書の内容理解を助けるサブテキストを作成して活用する。文字サイズを大きくして行間を広くする，漢字に読み仮名を振る，語彙説明を加える，などの補助を行うことができる。

4. ADHD の児童生徒への学習支援

　ADHD の児童生徒は，周囲の環境からの余分な刺激の影響を受けやすく，課題にのみ注意を向け集中して取り組むことが難しい。また，文章全体でなく，いくつかの単語のみで理解したつもりになってしまうなど，示された情報の一部だけから判断してしまうことによるケアレスミスが多い。

　そのため，まず学習環境の調整が必要となる。気が散りやすく注意集中が難しい場合は，他児の行動が余計な刺激にならないよう座席を前の方にする，口頭での指示はポイントをまとめできるだけ簡潔に行うなどである。教室環境としては，注意をそらすものを子どもから遠ざける，教師が授業をする位

置の近くの席に座らせる，自分の使ってよい範囲がはっきりわかるように座席を配置し整理する，整理整頓された教室にする，学級の規則を表すリストを掲示する，などが有効である（フィフナー，2000）。

　自尊感情への配慮も重要である。そのためにポジティブな行動支援を行う。たとえば，いつもは10分しか着席できない児童生徒が15分座れていたなら，残り30分座り続けられなかったことを非難するのでなく，いつもより5分多く座れたことを誉める。行動を前向きに評価し，それをフィードバックするなど教師が児童生徒への接し方を変えると，情緒の安定だけでなく，子ども自身の行動にも好ましい変化が現れることが多い。

5.　ASD の児童生徒への学習支援

　教科の学習においては，国語の長文読解や作文で困難を示すことが多い。算数では計算は得意だが文章題を解くことに困難がみられやすい。また，オープン・クエスチョンには答えにくいことが多く，特に「なぜ？」「どうして？」のような質問に答えるのが難しい。

　これらの学習上の問題は ASD の認知特性からある程度説明できる。ASDでは，**心の理論，実行機能，中枢性統合**の問題が現れる。それぞれ，他者の視点に立つこと，衝動を抑え計画的に行動すること，細部にとらわれず全体的に判断することの困難である。作文を例に挙げると，書く内容の選択においては，幹になる情報と枝葉の情報を選別し幹を取り出す作業が必要であるが，それには部分でなく全体を把握する中枢性統合が関わる。また，文章の展開を構成する作業においてはプランを立てる実行機能が関わる。そして，自分が書いた文の内容が理解できるかどうかを読み手の視点に立って点検する作業においては心の理論が関わる。

　これらの認知特性に対する一般的な配慮として以下のような支援が効果的である。心の理論の問題に対しては，目に見えない心の状態をことばや絵などで明示化する。意図理解の困難を補うため具体的で直接的な表現で伝える必要もある。実行機能の問題に対しては，スケジュールや手順の明示などによって場面や展開への見通しを与える援助をする。中枢性統合の問題に対し

ては，情報を整理して提示する。つまり枝葉を刈り込み，幹を残す。「構造化」とも呼ばれるが，枠組みを設定することが有効で，たとえば回答形式を選択式や穴埋め式にすると答えやすくなる。

　また，情報伝達における配慮も重要である。視覚情報は音声情報に比べASD者は受け取りやすい。音声情報は痕跡を残さないため，送り手が情報を発信するタイミングに注意を合わせる必要があるが，視覚情報は送り手に合わせる必要がなく，受け手のタイミングで情報を取得できるからである。

第3節　個別指導と教室での支援

1. 通級による個別の指導

　発達障害がある児童生徒を個別に指導する場として通級による指導がある。通常の学級に在籍している障害のある児童生徒に対して，大部分の授業を通常の学級で行いながら，障害に応じた特別の指導を特別な場で行うことができる通級と呼ばれる制度がある。通級による指導は，障害による学習や生活の困難の改善・克服を目的とする指導領域である「自立活動」の内容を取り入れるなどして障害の状態に応じた目標や内容を定めて学習活動が行われる。

　東京都では通級指導の発展形として特別支援教室の制度を施行している。特別支援教室では，通常の学級での学習に概ね参加できるが，発達障害などのため，一部特別な指導を必要とする児童生徒に対して「自立活動」を中心とした教育課程が実施される。

2. 合理的配慮と教室での支援

　障害者差別解消法（障害を理由とする差別の解消の推進に関する法律）が2016年4月より施行され，障害のある人たちに対する社会的障壁の除去のために「合理的配慮」が求められるようになった。教育における合理的配慮とは，障害のある子どもが他の子どもと平等に教育を受ける権利を保証するために，学校の設置者や学校が必要で適当な変更・調整を行うことで，しかし体制面，

財政面において均衡を失した過度の負担を課さないものとされる（中央教育審議会初等中等教育分科会，2012）

　通常の学級の授業の中でできる合理的配慮としては，例えば以下のようなことができる。話す速さ，間の空け方，話の長さ，声の大きさなどの調整，理解を助けるための視覚的手がかりの提供の工夫などである。しかし，合理的配慮は形式的で一律な支援ではなく，当事者の要請に基づき個別化する必要がある。

第4節　発達の多様性とこれからの教育

1. 神経多様性の概念と個性を伸ばす教育

　発達障害は単なる発達の遅れではなく，正常か異常かの二分法で割り切れない。「発達凸凹」と表現されることもある。生得的な脳の特性の問題と考えられている。比喩的に表現するなら，脳の故障ではなく，ユニークな脳の作りという見方である。障害の特性は認知スタイルの問題としてみることもできるという見解もある（Happé, 1999）。そのような動向を背景とし，近年「神経多様性（Neurodiversity）」という概念が注目されている。この概念はASDの当事者家族である社会学者のJ. シンガー（Judy Singer）によって提唱された。ASDを「病」ではなく個人のアイデンティティを構成するものと考える（Fenton & Krahn, 2007）。また，発達障害とともに，算数・数学，音楽，絵画などの分野で優れた才能をもつ子どもは，近年「2E（twice-exceptional）」と呼ばれ，アメリカなどでは，そのような子どもを対象とした才能を伸ばす教育が行われている（松村，2018）。

2. 学びのユニバーサルデザインとICTの活用

　アメリカなどでは，通常の授業の中で，神経多様性の観点をふまえた個に応じた学習支援のツールとしてICTが積極的に活用されている（アームストロング，2013）。障害のある子どもをテクノロジーで支援するアメリカの団

体である CAST (Center for Applied Special Technology) は「**学びのユニバーサルデザイン** (Universal Design for Learning：UDL) という概念を提唱した。学び方の多様性に対する教育支援の手立てとして ICT が活用される点に特徴がある。Option（複数の方法），Alternatives（代替手段），Scaffolding（足場かけ），Customize（個別化）が UDL のキーワードである（川俣，2014）。

　さまざまな学習の問題への支援に，以下のような ICT ツールが活用できる（近藤，2016）。

- 読むこと：音声読み上げ機能，録音図書，電子データ
- 書くこと：キーボード，音声入力，録音，カメラ
- 計算すること：計算機，数式入力，筆算支援
- 考えをまとめること：概念マッピング，アウトラインエディタ

［藤野　博］

● **考えてみよう！**

▶ 発達障害の特徴と個性との関係について，自分に当てはまることはないかどうかを振り返ることを通して考えてみよう。
▶ 教室の中で PC やタブレット端末などの ICT 機器を使うのは，使わない児童生徒からみると不公平になるという意見について考えてみよう。また，眼鏡をかけている人にはそういった意見は向けられないが，それはどうしてだろうか？　併せて考えてみよう。

● **引用・参考文献**

綾屋紗月 (2011)．アスペルガー症候群当事者の自己感と当事者研究の可能性．臨床発達心理実践研究，6，55-62.

アームストロング，T.　中尾ゆかり（訳）(2013)．脳の個性を才能にかえる：子どもの発達障害との向き合い方　NHK 出版．(原著，2010 年)

Baron-Cohen, S., Scott, F. J., Allison, C., Williams, J., Bolton, P., Matthews, F. E., & Brayne, C. (2009). Prevalence of autism-spectrum conditions: UK school-based population study. *The British Journal of Psychiatry*, 194, 500-509.

フィフナー，リンダ　J.　上林靖子ほか（監訳）（2000）．こうすればうまくいく ADHDをもつ子の学校生活　中央法規．（原著，1996年）

Fenton, A. & Krahn, T.（2007）. Autism, neurodiversity and equality beyond the 'normal'. *Journal of Ethics in Mental Health, 2*, 1-6.

Happé, F.（1999）. Autism: Cognitive deficit or cognitive style? *Trends in Cognitive Sciences, 3*, 216-222.

神尾陽子ほか（2013）．未診断自閉症スペクトラム児者の精神医学的問題　精神神經學雜誌，115，601-606.

川俣智路（2014）．国内外の「ユニバーサルデザイン教育」の実践　柘植雅義（編著）　ユニバーサルデザインの視点を活かした指導と学級づくり（pp.8-19）　金子書房．

小池敏英ほか（編著）（2002）．LD児の漢字学習とその支援：一人ひとりの力をのばす書字教材　北大路書房．

Komeda, H., Kosaka. H., Saito, D. N., Mano, Y., Jung, M., Fujii, T., Yanaka, H. T., Munesue, T., Ishitobi, M., Sato, M., & Okazawa, H.（2015）. Autistic empathy toward autistic others. *Social Cognitive and Affective Neuroscience*, 10, 145-152.

近藤武夫（2016）．ICTによる読み書き支援を学校で進めるために　近藤武夫（編著）学校でのICT利用による読み書き支援（pp.2-17）　金子書房．

松村暢隆（2018）．2E教育の考え方―才能と障害のマイノリティから発達多様性へ―　松村暢隆（編著）　2E教育の理解と実践：発達障害児の才能を活かす（pp.1-12）　金子書房．

文部科学省（2012）．通常の学級に在籍する発達障害の可能性のある特別な教育的支援を必要とする児童生徒に関する調査結果について．http://www.mext.go.jp/a_menu/shotou/tokubetu/material/__icsFiles/afieldfile/2012/12/10/1328729_01.pdf

中央教育審議会初等中等教育分科会（2012）．共生社会の形成に向けたインクルーシブ教育システム構築のための特別支援教育の推進（報告）．http://www.mext.go.jp/b_menu/shingi/chukyo/chukyo0/gijiroku/__icsFiles/afieldfile/2012/07/24/1323733_8.pdf

日本精神神経学会（監修）（2014）．DSM-5　精神疾患の診断・統計マニュアル　医学書院．

大井　学（2006）．高機能広汎性発達障害にともなう言語障害：特徴，背景，支援　コミュニケーション障害学，23，87-104.

上野一彦（2001）．LDの概念・定義　上野一彦・牟田悦子・小貫悟（編著）　LDの教育　日本文化科学社．

上野一彦（2006）．LD（学習障害）とディスレクシア（読み書き障害）：子どもたちの「学び」と「個性」　講談社．

▶ 自閉的共感性とピアサポートの可能性

　発達障害の捉え方は近年，大きく変わった。連続体を意味する「スペクトラム」の概念が導入され，自閉症の概念が変わったことに端を発する。かつての「自閉症」は現在「自閉スペクトラム症 (Autism Spectrum Disorder, ASD)」という診断名になっている。自閉症の特性は一般の人たちにさまざまな程度で幅広く分布していることが明らかとなり，イギリスなどでは "Autism Spectrum Condition (ASC)" すなわち「自閉スペクトラム状態」という用語も使われるようになった。「スペクトラム」は発達の多様性と連続性を表す概念であり，その対になるのは「健常 (normal)」ではなく「定型 (典型) (neurotypical)」である。自閉スペクトラムは，医学的に診断される障害としてだけでなく，ある領域では認知的な強みをもつ状態も含む概念であるとされている (Baron-Cohen ほか, 2009)。

　ASD の人の認知の特徴のひとつに「弱い中枢性統合」がある。いわゆる「木を見て森を見ない」傾向であり，細部へのこだわりの問題とされているが「認知粒度」(小嶋, 2019) の問題としてニュートラルに捉える見解もある。発達障害当事者の綾屋紗月氏は，ASD 者と定型発達者の認知スタイルの違いを解像度の違いに例え，解像度が違うもの同士が経験を共有することの難しさを指摘している。共感が成り立ちにくいのはお互いの問題だという視点である。

　であるならば，同じ認知スタイルをもつ ASD 者同士は経験を共有しやすいのではないだろうか。それを示唆する知見がある。ASD 者は同じ特性をもつ者に共感する，という Komeda ら (2015) の「自閉的共感性 (autistic empathy)」の仮説である。実験心理学・脳科学的な基礎研究によって ASD 者同士は共感的な関係を築きやすいことが示唆されている。共感的な経験の積み重ねは心の発達にとってきわめて重要であり，この仮説は ASD 者同士のピアサポートの可能性を示すエビデンスといえる。

　このような動向を背景として近年，治療的なアプローチとは異なる当事者同士のピアサポートによるエンパワメントのような支援の新たな形式がさまざまに試みられつつある。発達障害当事者からの「既存の社会に適応させようとする治療の論理は，マイノリティに対して適応への不断の努力を強いる同化的圧力となりがちである」(綾屋, 2011) といった指摘など，定型発達者から一方的にサポートを受けることへの懸念も表明されている。日本も批准した「障害者の権利に関する条約」では，"Nothing about us without us" というスローガンが謳われている。当事者を抜きにした支援はあり得ないのが今日の状況といえよう。

[藤野　博]

第14章

集団づくり

● 本章のねらい ●

　集団は，メンバー同士のやりとり（相互作用）により，お互いに影響を及ぼし合う。学校での教育活動は学級集団を単位としている。そのため，学級集団づくりを効果的に行うことは学習環境を整えることにもなる。本章では，集団づくりの方法論および集団不適応の問題について概説する。

第1節　集団づくりの必要性

1. 安全な環境の重要性

　人間の神経系は，安全な環境にいることによって，高次の認知機能を発揮し，社会的行動を発達させる（ポージェス，2018）。学級集団は学校での学習と生活の基盤となる。そのため，落ち着かない環境では，人間の神経系は危険を察知し，自己防衛反応をする。このような状態では学習などの知的活動に集中することは難しい。子どもが心理的に安定し，学習成果を高めるためにも，教師は安全な環境を整える必要がある。

2. 学級における安全な環境

　人間の神経系は予測可能な環境を好む（ポージェス，2018）。そのため，学校で行うことが明確になっていることは子どもに安心感をもたらす。そのた

め，学級で行うことに一貫性があり，一定の手順が定められていることが重要である（ウォンら，2018）。H. ウォンら（2018）は，最初の2週間で手順を教えることに時間をかけ，自分の行動に責任をもつことを教えることで教育効果が高まることを指摘している。向山（1999）は年度の最初の3日間の重要性を強調している。この時期は教師の指示が入りやすく，遅くても1週間で学級を組織化するのである。そのために，学級目標を決め，目標達成のための当番活動・係活動を決め，生活上のルールを決める。その際，活動内容・活動時間や活動時期・責任の所在を明確にし，状況を確認するシステムを整える（向山，1999）。河村（2012）は，ルール（集団内で共有された行動様式）とリレーション（集団内での親和的な人間関係）の確立が学級集団成立の最低限の要素としている。そして，教育活動の中でルールに沿った行動をとりながら人間関係づくりを進める方法を論じている。

　以上のように，学級集団編成直後の段階で集団でのルールを設定することは重要なことである。これらのことが不十分だと，学級集団として成り立ちにくくなる。

　さらに，河村（2012）は，ルールとリレーションを確立した後，一人ひとりに活動への意欲と学び合いの姿勢と行動習慣があること，自主的な活動への意欲と行動するシステムがあることで，より理想的な学級集団になるとしている。

　学級集団は，メンバー同士にまとまりのない状態から複数の小集団が形成され，それらが統合されてまとまりをもつように発達する。河村（2010，2012）は，従来の学級集団の発達理論をまとめ，「第一段階：混沌・緊張期（無秩序）」→「第二段階：小集団成立期（ルールの定着30％程度）」→「第三段階：中集団成立期（ルールの定着60％程度）」→「第四段階：全体集団成立期（ルールの定着80％程度）」→「第五段階：自治的集団成立期（ルールの内在化）」のプロセスを示している（**表14.1**）。

　しかし，学級集団は自然に発達するわけではない。教師のかかわりによって前進したり，後退したりする。そのため，教師が子どもの学習・成長を促すために集団づくりを行う必要がある。

表14.1　学級集団の発達プロセス

時期	特徴
第一段階 混沌・緊張期	学級編成直後の段階で，子ども同士に交流が少なく，学級のルールも定着しておらず，一人一人がバラバラの状態に留まる段階（時期）
第二段階 小集団成立期	学級のルールが徐々に意識されはじめ，子ども同士の交流も活発化するが，気心の知れた小集団での広がりに留まっている段階（時期）
第三段階 中集団成立期	学級のルールがかなり定着し，小集団同士のぶつかり合いの後に一定の安定に達し，複数の小集団が連携でき，学級の半数程度の子どもが一緒に行動できる状態にある段階（時期）
第四段階 全体集団成立期	学級のルールがほぼ定着し，一部の学級全体の流れに反する子どもや小集団ともある程度の折り合いがつき，学級のほぼ全員で一緒に行動できる段階（時期）
第五段階 自治的集団成立期	学級のルールが内在化され，一定の規則正しい全体生活や行動が，温和な雰囲気の中で展開され，自他の成長のために協力できる状態にある段階（時期）

（出所）河村（2010, 2012）を参考にして作成

第2節　集団づくりを支える教師のかかわり

　集団をつくるためには，日々の教育活動（学級経営を含む）での集団への対応が重要である。本節では，子どもを集団として動かすための教師のかかわりについて述べる。

1. 行動理論に基づくかかわり

　新しい行動を学習するには，「**言語的教示**（口頭で言われること）」「**モデリング**（他者を見ること）」「**リハーサル**（イメージで予行演習したり，実際に試したりすること）」「オペラント**強化**（行動をした甲斐があること）」のいずれかの要素が必要である。個人や状況によって学習に必要な要素は異なる。そのため，口頭で指示するだけではわからないこともある。そのようなときには，実際にして見せて，させてみることが必要である。さらに，人間の行動は，何かをきっかけにある行動をし，それが強化されることで増加する。この原理を活用すると，目標とする行動が起きやすい条件（環境）を整え，その行

動が発生したら強化することが対応の基本となる。

　行動が起きやすい条件とは，わかりやすい指示・発問をすることや，余計な刺激を取り除いて集中しやすい環境にすることなどがあげられる。強化には肯定的な注目を用いる。肯定的な注目とは，気づくこと，認めること，ほめること，感謝することである。

2.　行動理論の集団での活用

　この原理を集団の中で活用する。集団にはさまざまな子どもがいる。一人ひとりに肯定的な注目が与えられることで集団的に適切な行動が定着し，学級が居心地のよい安全な環境になる。

　子どもの行動を取り上げ，みんなの前で肯定的な注目を与えると，注目を得ようとしてその行動をとる子どもは増える（モデリング）。誰もが評価するような目立つ行動だけでなく，地味で目立たないようなさりげない行動や小さな努力などの細かい行動にも肯定的な注目を与えることがポイントになる。行動を取り上げる際には，特定の子どもに偏らないようにする。毎回特定の子どもしか注目されない集団では，他の子どもの活動が受け身になる。注目される子どもにも，教師の望む行動をとることへの圧力がかかる場合もある。全員に注目を与えられるように日頃から子どもをよく観察し，授業場面や行事などで注目を与えられるような場を構成することも大切な役割である。子ども集団を動かすためには，行うことを具体的に示し，方法（人，内容，時間・時期）を決め，進行状況を確認して，進んだことを取り上げてほめることが原則である（向山，1987）。より具体的には，何をどの程度行い，終わった後にどうするかといった，最後の行動まで示して活動させる。

　このような日常の教育活動での教師のかかわりにより，適切な行動が定着し集団としてまとまりをもつようになる。

第3節　集団づくりに役立つグループ・アプローチ

　カウンセリング領域では，心理的問題の改善や成長発達の促進を目的とし
て，心理学的手法を用いたグループ・アプローチ技法が開発されている。本
節では，集団づくりに活用可能なグループ・アプローチとして，ソーシャル
スキル教育，構成的グループ・エンカウンター，対人関係ゲームを紹介する。

1．ソーシャルスキル教育

　ソーシャルスキル教育は，ソーシャルスキルの学習機会を意図的・計画的
に提供し，ソーシャルスキル不足による人間関係上の問題予防を図るアプロ
ーチである。ソーシャルスキルとは，良好な人間関係を形成・維持するため
の技術のことである。発達段階に応じて学校生活で必要な人間関係上の行動・
態度を感情・行動・認知面のスキルとして教える。この考え方の利点は，人
間関係の得意・不得意をパーソナリティの問題ではなく習得可能なスキル（技
術）として捉えるところにある。

　一般的なソーシャルスキルの学習原理は，前節で挙げた行動の学習と同じ
要素である。日常生活の中には4つの学習原理のひとつは含まれるため，多
くの人はソーシャルスキルを意識せずに獲得している。

　しかし，日常生活では上記の学習原理が機能しない場合もある。たとえば，
聴覚による情報処理が苦手だと言語的教示だけではスキルの理解・イメージ
ができない。モデル事象に適切に注意を向けられなければモデリングは成立
しない。実際にスキルを試してみても何も反応を得られなければスキルは定
着しない。これらのような場合だとスキルを適切に獲得することは難しくな
る。さらに，近年では全国的に子どもの集団体験の機会が乏しくなっている。
そのためソーシャルスキルを適切に学習する機会に恵まれない子どもも増え
ている。ソーシャルスキル教育では，学級集団を利用して行動の学習原理の
全要素を組み込んで効果的なスキル習得を図る。

　ソーシャルスキル教育は，「インストラクション（獲得すべきスキルとその

必要性・ポイントを強調して教えること）」→「モデリング（モデルを見せること）」
→「行動リハーサル（繰り返し練習すること）」→「フィードバック（遂行の仕
方について評価を与えること）」→「定着化（日常生活の中で使えるようにするこ
と）」の手順を踏む（プログラムによって順番は変わることもある）。

　子どもたちに身につけさせたいスキル（ターゲット・スキル）を選択し，上
記の流れでプログラムを実施する。学校生活に必要なスキルは**表 14.2**に示す。

　ターゲット・スキルは，約5割の子どもがすでに遂行でき，約3割がプロ
グラム中に意識すればできるようになるものを取り上げるとよい。このよう
なスキルを取り上げると，行動リハーサルを繰り返すことで，すでにできる
子どものスキルがさらに向上し，他の子どものモデルとなる。意識すればで
きる3割の子どものスキルの獲得・向上にも好影響を及ぼし，全体的にスキ
ルを上手に使う子どもが増える。このような環境が形成されると，スキルを
上手に使えない残りの子どもにとっても，スキルの高いクラスメートからサ
ポートを受けやすい構造になる。ソーシャルスキル教育の具体的なプログラム
は，小林・宮前（2007），相川・佐藤（2006），佐藤・相川（2005）などに詳しい。

表 14.2　学校生活で必要な基本的スキル

スキルの種類	スキルの内容	スキルの特徴
ⅰ）感情コントロールスキル	気持ちのコントロール	他のスキルを適切に学習したり，遂行する際に必要になる
ⅱ）基本的関わりスキル	あいさつ，自己紹介，話のきき方	人間関係の開始から維持・発展まで，人間関係全般に関わる
ⅲ）仲間関係維持・発展スキル	質問の仕方，仲間の誘い方，仲間への入り方	人間関係を維持したり，新たな人間関係をつくりだしていく
ⅳ）共感スキル	ほめ方，励まし方，相手の立場に立った思考	他者との親密な人間関係を形成・維持する
ⅴ）主張行動スキル	頼み方，断り方，謝り方	周囲との調和を取りながら，自分の権利を確保する
ⅴ）問題解決スキル	解決策の考え方	様々なトラブルを処理する

（出所）奥野（2011）を一部改変

2. 構成的グループ・エンカウンター

　構成的グループ・エンカウンターとは，構造化された環境でのグループ体験を通して，人間としての自分の生き方を検討し人間的成長を図るアプローチである。構造化された環境とは，グループのリーダー（ファシリテーターと呼ばれる）が場の構造を設定することである。見知らぬメンバー同士だったり不安や緊張が強かったりすると，自由に交流することは難しい。その場合，ファシリテーターがある程度環境を整えて，課題を指定すると交流しやすくなる。構成的グループ・エンカウンターでは，エクササイズという認知・行動・感情に影響を与えるような課題を行う。エクササイズには，主に「自己理解」「他者理解」「自己受容」「自己主張」「信頼体験」「感受性の促進」といった体験の提供を目的としたものがある（表14.3）。ただし，エクササイズは目的となる体験をしやすいように考えられてはいるものの，体験のされ方は人によってさまざまである。体験の振り返りの際，それぞれの体験をしっかりきき尊重することが重要である。

　学級では，担任教師がリーダーとなり，「インストラクション（活動のねらいやルールの説明）」→「エクササイズ（集団にあった課題）」→「シェアリング（体験の共有）」という流れで実施する。特に，エクササイズ後のシェアリングで他者の体験をきいたり自分の体験を話したりして共有する過程が重要とされている。授業時間の45〜50分かけて行う方法から導入されたが，活動を焦点化し，3分から15分くらいで実施できるようなミニエクササイズも開発されている（八巻，2001；吉澤，2001）。

表14.3　構成的グループエンカウンターの目的

目的	説明
自己理解	気づかなかった自分に気づく
他者理解	他者の未知の側面を知る
自己受容	ありのままの自分を受け入れる
自己主張	自分の本音を語る
信頼体験	他者を信頼する
感受性の促進	自己や他者の気持ちに敏感になる

　学級では，集団の状態に合わせてエクササイズを設定することが重要である。最低限のソーシャルスキルが身についていなかったり，教師の指示をきけない関係性に陥っていたりする集団には効果は期待できないであろう。エクササイズによって感情が揺さぶられることもある。構成的グループ・エンカウンターの実施によってかえって子どもたちを傷つけないよう配慮することが大切である。エクササイズの詳細は，ミニエクササイズであげた文献の他に河村（2001）などもある。

3. 対人関係ゲーム

　対人関係ゲームは，集団に入る側と受け入れ側の双方の関係性に注目し，遊びやゲームを通して集団づくりを図るアプローチである。個人と集団全体の成長を促すための方法として実践されている。

　遊びは，楽しさや充実感といった快感情をもたらす。快感情はその体験を強化し動機づけを高める。遊びに伴って体を動かすことや声を出すことは，それ自体が不安や緊張などの不快感を緩和する作用をもつ。また，遊びの中で何らかの心の傷と関連する表現や気づきが行われるなど治療的機能も備えている。対人関係ゲームはこうした遊びの効果を活用して「集団活動に不安・緊張をもつ子ども」と「集団全体の人間関係」の変化を図る。

　対人関係ゲームのプログラムでは，「交流」「協力」「役割分担・連携」「心の交流」「折り合い」を目的とした5種類のゲームが用意されている。集団のメンバー同士の交流による関係づくりからはじまり，協力や役割分担が必要な体験，集団活動の際に必要となる他者への関心や，意見や欲求の調整をする体験をできるように考えられている。それぞれの特徴は**表14.4**に示す。

　実施方法は，「インストラクション（ねらいとルールの説明表明）」→「ゲームの実施（用意した遊び）」→「体験の振り返り・フィーリングシート（個人あるいは全体での振り返り）」の手順で行う。構成的グループ・エンカウンターを参考にしてつくられているが，振り返りは個人だけに留めることもあり，必ずしも体験を共有するわけではない。

　プログラムは，「交流」と「協力」のゲームを繰り返し，その間に他の種

表14.4　対人関係ゲームの種類と特徴

ゲームの種類	特徴
交流 (交流するゲーム)	・特定のグループの枠を越えて多くの人とのやりとりを楽しむ ・運動反応や発声などで不安や緊張を緩和する ・個別に行動するが，結果として多くの人と交流する ・本人は消極的でも人がかかわってくる ・みんな一緒に活動をした経験となる
協力 (協力するゲーム)	・夢中になって人と楽しんだり，助け合ったりする体験を重ねる ・人と楽しむ経験を積む ・助け助けられ，協力し合う経験を積む ・勝ち負けを越えて，人と楽しむ体験をする
役割分担・連携 (役割分担し連携するゲーム)	・仲間の中で自分のよさを活かせる役割活動を体験する ・自分の特徴を活かした役割活動を行う ・状況全体をみながら仲間と連携をする ・目標達成のプロセスで一翼を担う ・仲間の役に立つ／人に必要とされる経験を積む ・集団や集団活動について体験的に理解を深める
心の交流 (心をかよわすゲーム)	・相手に心を向けたり向けられたりして人を尊重し合う ・2人あるいは少人数で自分のことについて語り合う ・相手に関心を向ける／向けられる経験をする ・自分のよさを人からフィードバックしてもらう
折り合い (折り合うゲーム)	・葛藤を乗り越えて，自分も相手も尊重しながら目標を達成する ・他者の考えを尊重し，自分の気持ちも大切にする ・人と折り合い自分と折り合い，協力して目標を達成する

(出所) 田上 (2003, 2010)，伊澤 (2015) を基に作成

類のゲームを挟んで実施することが基本である。ゲームには動きの多いものや，動きの少ないものが含まれる。集団の様子と目的に合わせて，多様なゲームを組み合わせてプログラムを構成することが望ましい。田上 (2010) では，「不安解消プログラム (人間関係に強い不安を抱える特定の子どもを集団が受け入れる場合)」「仲間づくりプログラム (人間関係にまとまりがない場合や特定の子どもを集団が受け入れにくい場合)」「達成集団づくりプログラム (協力し合って目標を達成する人間関係をつくる場合)」の3つを代表的なものとしてあげて

いる。それぞれの具体的な構成やその他のプログラムのつくり方についても，田上（2010）に詳しく述べられている。また，具体的なゲームの内容は伊澤（2015）や田上（2003，2010）が参考になる。

　以上，3つのアプローチを紹介した。ソーシャルスキル教育はスキル自体の獲得，構成的グループ・エンカウンターは自分や他者に触れる体験，対人関係ゲームは集団の人間関係の変化をそれぞれ目的としている。これらの活動には伝承遊びやレクリエーションなど集団で気軽に行える遊びやゲームが多く含まれている。グループ・アプローチ技法では，遊びやゲームで体験されることや必要となる行動などの機能を考慮して目的に合わせて活用している。具体的なプログラムを見ると，どのアプローチでも中心となる活動自体は同じ印象を受けるものもある。しかし，それぞれ強調点が異なっており，教師のかかわり方や活動の展開は異なる。集団の状態や目的に合わせてこれらの技法を柔軟に組み合わせて活動を仕組むことで，集団づくりを効果的に進めることが期待できる。本節中にいくつかプログラムを詳細に紹介している文献を紹介した。これらの他にも各技法名をキーワードに検索すると多数の資料を入手することができる。

第4節　集団不適応

　集団には多様なメンバーが所属する。そのため，集団になじめなかったり，排斥されたりする問題は生じる。本節では，集団不適応の主要な問題として不登校といじめについて紹介する。

1. 集団不適応の考え方

　集団不適応は個人と集団が合わない問題である。集団に加われない側（一人または少数）の問題として取り上げられることが多い。多くの場合，何らかの心理的不調を抱えているため，加われない側の理解・支援は重要である。

しかし，同時に集団不適応の問題は，個人を受け入れられない集団の問題でもあることはおさえておく必要がある。そのため，支援の際には集団へのアプローチも欠かせない。

2.　不登校

　不登校は，「家庭―教室―家庭」という行動パターンが分断された状態が継続した状態であり，学級集団に加われないという点で集団不適応の一つである。何らかの嫌なことをきっかけに，自力で対処できず周りもサポートしきれないことで登校回避行動が形成される。そして，回避行動が継続することで，登校回避行動・学校に対する不快感・否定的自己認知・自律神経系の失調が強化され，悪循環構造がつくられやすくなる（奥野，2012）。

　支援としては，初期段階（3-7日程度の欠席）と中長期化段階（7-10日程度以上の欠席／7日程度以上の連続欠席）とで分けて考える。

　初期段階では，遅刻早退の増加や保健室の利用，欠席と登校の繰り返しなどの前兆行動が見られる。いずれの場合も，教職員は校内での接触・家庭訪問・電話連絡などで子ども本人（あるいは保護者）に心配を伝える。この段階では積極的な登校刺激が効果的なことも多い。登校して集団に参加したときに，「楽しい」「居場所がある」と感じられることが登校の動機づけとなりうる。また，話をきき原因がわかるようであれば対処する。ただし，それまでにダメージの蓄積が多い場合には，休息が必要となり，欠席が中長期化する。

　中長期化段階では，欠席の継続による登校回避行動の強化作用が働くため，初期段階と異なり原因への対処は当面役に立たない（回復が進み再登校段階になれば扱う必要は生じる）。長期的な視点で，将来的な社会的自立のために支援を考える。そのためには，登校するしないにかかわらず，他者に対する不安・恐怖を軽減し，ソーシャルスキルを獲得し，苦手を克服できるような体験が重要である。

　特に，他者に対する不安・恐怖が強い場合には，活動範囲が狭くなり，社会的な場面への参加が制限される。子ども本人の好きな活動を促したり，好きなことについて楽しく話したりすることにより，日常生活での他者とのか

かわりでポジティブな体験ができる機会をもつことが重要である。これらの体験には適応指導教室やフリースペースなど，学級とは異なる集団での体験も有効である。活動性が高まり社会的場面に参加可能になると，楽しい体験だけでなくトラブルも生じる。そのような機会を捉え，ソーシャルスキルの獲得，新たな課題・苦手なことなどへの挑戦と達成，失敗の受容などが少しずつできるようになるとよいであろう。集団の中で，他者と安心できるかかわりができるようになると，進級・進学など集団が替わるタイミングや，長期休み明けといった区切りのタイミングでの集団参加が可能となりやすい。もとの学級集団に復帰する場合には，学級での受け入れ態勢を整える必要がある。

3. いじめ

　いじめは，集団の中でいずれか一方が，他方に対して一方的に精神的・身体的苦痛を与える状態である。いじめが発生する集団では，「被害者」「加害者」「聴衆（面白がっている人）」「傍観者（見て見ぬふりをする人）」の4層構造ができあがっている。聴衆と傍観者は直接的には攻撃しないが，間接的に加害者の行動を強化する構造がつくられる。この意味では，被害者側は1人あるいは少数派，加害側（加害者，聴衆，傍観者）は多数派である。いじめは，このように集団内での関係性の問題である。

　対応としては，全面的に被害者側に立って訴えをきくことが重要である。事実関係は不明でも，具体的にどのようなことをされてどういう気持ちなのかをきく。訴えている以上，心理面のケアは必要である。その後，事実関係を調査し然るべき対応を取る。この際，いじめという言葉は抽象的なため，具体的な行為のレベルで確認し，その後も具体的な行為を扱う。本人が訴えるような行為が確認されれば，被害者の安全を確保する。加害者側には毅然と対応し，行為の責任について理解させ，行為をやめさせる。場合によっては警察に相談・通報し，出席停止措置をとることも可能である。同時に，加害者側の事情もよくきく必要もある。多くの場合，加害者側は家庭や学校などで大人の対応に不満を持っている。加害者側に注意や叱責といった罰を与

えるだけでなく，加害者側に対しても事情を把握しケアしないと新たな被害者をつくりだすことにもつながる。周囲で面白がっていた子ども（聴衆）に対してもこれに準じた対応が必要である。

　周囲で見て見ぬ振りをしていた子ども（傍観者）に対しても，当事者意識をもたせ自分の問題として理解させるように指導する。日々の学級経営で，傍観者を仲裁者（止めに入る人）に移行させたり，誰かに知らせる重要性を理解させたりする。仲裁者が増えれば，4層構造は崩れ加害行動は抑制される。しかし，子どもたちは仲裁に入ることで，今度は自分に危害が加えられることを恐れていることが多い。日常的に教師がいじめを許さない態度や，目立たないが適切な行動に注目していることを示し続けることなども重要である。

　なお，「被害者側にも問題がある」と考えられる場合もあるであろう。しかし，何か問題があるからといって人権侵害行為を正当化することはできない。このことを教師は理解しておく必要がある。被害者側にも課題があるのであれば，問題が解決してから取り組むようにする。

　以上，不登校といじめについて述べたが，いずれも本人への支援と同時に集団側にも働きかける必要がある。なお，いずれも担任個人で対応するのではなく，学校全体で対処するものであることを付記しておく。

［奥野 誠一］

● **考えてみよう！**

▶ 今までに自分が所属していた学級のまとまり，学習環境はどんなものだったか振り返ってみよう。それらは，学年や教師の指導法とどう関係していたか考えてみよう。

▶ 自分がこれまでにしたことのある2人以上で行う遊び・ゲーム・レクリエーション（電子機器によるゲームは除く）などの活動をできるだけたくさん挙げてみよう。そして，それぞれの活動は人間関係をつくるのにどんな機能がありそうか考えてみよう。

● 引用・参考文献

相川 充・佐藤正二（編）（2006）．実践！ソーシャルスキル教育 中学校編—対人関係能力を育てる授業の最前線— 図書文化.

伊澤 孝（2015）．学級の仲間づくりに活かせるグループカウンセリング—対人関係ゲーム集— 金子書房.

ウォン，H.・ウォン，R. 稲垣みどり（訳）（2017）．世界最高の学級経営—成果を上げる教師になるために— 東洋館出版社.（原著，2009 年）

奥野誠一（2011）．ソーシャルスキルから見た学校カウンセリング 小林正幸・奥野誠一（編） ソーシャルスキルの視点から見た学校カウンセリング（pp. 11-17） ナカニシヤ出版.

奥野誠一（2012）．不登校 糸井尚子（編著） 教育心理学エチュード—新たなエンサクロペディア—（pp. 173-188） 川島書店.

河村茂雄（2001）．グループ体験によるタイプ別！学級育成プログラム—ソーシャルスキルとエンカウンターの統合— 図書文化.

河村茂雄（2010）．日本の学級集団と学級経営—集団の教育力を生かす学校システムの原理と展望— 図書文化.

河村茂雄（2012）．学級集団づくりのゼロ段階—学級経営力を高める Q-U 式学級集団づくり入門— 図書文化.

小林正幸・宮前義和（編著）（2007）．子どもの対人スキルサポートガイド—感情表現を豊かにする SST— 金剛出版.

佐藤正二・相川 充（編）（2005）．実践！ソーシャルスキル教育 小学校編—対人関係能力を育てる授業の最前線— 図書文化.

田上不二夫（編著）（2003）．対人関係ゲームによる仲間づくり—学級担任にできるカウンセリング— 金子書房.

田上不二夫（編著）（2010）．実践グループカウンセリング—子どもが育ちあう学級集団づくり— 金子書房.

ポージェス，S. W. 花丘ちぐさ（訳）（2018）．ポリヴェーガル理論入門—心身に変革をおこす「安全」と「絆」— 春秋社.（原著，2018 年）

向山洋一（1987）．子供を動かす法則 明治図書.

向山洋一（1999）．教え方のプロ・向山洋一全集 4 最初の 3 日で学級を組織する 明治図書.

八巻寛治（編著）（2001）．構成的グループエンカウンター・ミニエクササイズ56選小学校版 明治図書出版.

吉澤克彦（編著）（2001）．構成的グループエンカウンター・ミニエクササイズ50選中学校版 明治図書出版.

▶ 集団参加と他者とのかかわり

　学級がまとまる中，その流れに乗りにくい子どもも存在する。一人でいたがる子ども，同じグループの仲間としかかかわろうとしない子ども，学級の多数派の流れに反発する子どもなどである。

　小学生から中学生までの時期に同じ行動をする集団（ギャング・グループ）や，類似性・同質性を確認したりする集団（チャム・グループ）を形成することは，社会性の基礎を身につけ，後に他者の異質性を認められるようになるために重要である。こうした経験を通して，お互いの異質性を認め合う関係（ピア・リレーション）を築くようになりつつ，アイデンティティを形成する。他者とのかかわりは，他者と異なる自分の価値観を確認し自己形成をするために必要なのである。さらに，他者とかかわるだけでなく，一人でいる時間をもつことも重要である。特に思春期以降には，一人の時間をもつことで自分の価値観を深めて確認する機会は大切である。

　このような考えに立つと，自己形成のためには学級集団の子ども同士がみんなで仲良くすることよりも，誰か重要な他者がいることが重要である。集団のまとまりからは外れていても，他者とかかわりのある子どもの場合は人間関係に介入すべきかどうか慎重に検討するほうが良いであろう。しかし，学級集団は共通の目標のもとに活動をするため，まとまりから外れている子どもも教師とは関係をつないでおく必要はある。学級に対する不満の訴えや，子どもたちの好きなことを話してもらい，教師がよくきくことで関係がつくられやすくなる。

　他者と安心できる関係を形成したことがない場合，人間関係での傷つき経験がある場合，孤立している場合には，教師あるいは他の他者（保護者やカウンセラーなど）と安心できる関係を形成するための支援が必要になる。

　集団がまとまる流れに乗れない子どもにはそれぞれ理由がある。また，まとまりの中にいる場合でも自分の意見を抑えこんで無理をして多数派の意見に同調している場合もある。子ども一人ひとりの意見をきく（要望を叶えるということではない）ことは，考えを無理に抑えこまなくて済むことにつながる。このことは，他者との折り合いをつける助けになるであろう。

　本章で紹介したように，理想的な学級集団が成立すれば，その中で子どもは成長する。しかし，上記のようなことも考えておく必要がある，非常に難しい問題であるが，集団づくりの過程で，多数派と少数派の問題は考え続けないといけないことであろう。

[奥野　誠一]

索　引

教師のための教育学シリーズ
刊行にあたって

　学校教育の第一線を担っている教師たちは，現在，数々の大きな課題に直面しています。いじめ，不登校などの解決困難な教育課題への対応，主体的・協働的な学びへの期待，特別支援教育の充実，小学校外国語活動・英語の導入，道徳の教科化，ICT の活用などの新たな教育課題への対応，「チーム学校」への組織改革，保護者や地域住民との新しい協働関係の構築など課題が山積しています。

　本シリーズは，このような現代的な教育課題に対応できる専門性と指導力を備えた教師を育成するため，教職に関する理解を深めるとともに，その基盤となる教育学等の理論的知見を提供することを狙いとして企画されたものです。教師を目指す教職課程の学部生，大学院生，社会人などを主な対象としておりますが，単なる概説や基礎理論だけでなく，現代的な課題，発展的・専門的内容，最新の理論も取り込み，理論と実践の往還を図り，基礎から発展，応用への橋渡しを図ることを意図しています。

　本シリーズは，幼稚園，小学校，中学校，高等学校，特別支援学校など幅広く教員養成を行い，修士課程，教職大学院，博士課程を擁するわが国最大規模の教育研究機関であり，教育学研究の中核を担っている東京学芸大学の研究者教員により編まれました。教員有志により編集委員会をたちあげ，メンバーがそれぞれ各巻の編者となり，長期にわたり企画・編纂してまいりました。そして，本シリーズの趣旨に賛同いただいた学内外の気鋭の研究者の参画をえて，編者と執筆者が何度も議論を重ねながら一丸となってつくりあげたものです。

　優れた実践的指導力を備えた教師を目指す方々，教育学を深く学びたいと願う方々の期待に応え，わが国の教師教育の在り方において重要な道筋を示すものとなることを心から願っております。

　　　「教師のための教育学シリーズ編集委員会」を代表して　　佐々木 幸寿

【監修】教師のための教育学シリーズ編集委員会

【編著者】

糸井　尚子（いとい　ひさこ）
東京学芸大学教育学部教授
大分県生まれ。お茶の水女子大学人間文化研究科博士課程中退。
東京学芸大学　助手・講師・准教授を経て現職。
（専攻）教育心理学・発達心理学
（主要著作）『子どもは小さな数学者』（学文社，2008），『算数・数学能力を育てる』（共著，サイエンス社，1996），『発達心理学エチュード』（共著，川島書店，2004），『教育心理学エチュード』（共著，川島書店，2012），『教職総論(教師のための教育学シリーズ1)』（共著，学文社，2016）

上淵　寿（うえぶち　ひさし）
早稲田大学教育・総合科学学術院教授
長野県生まれ。1997年，東京大学大学院教育学研究科（博士後期課程）単位取得退学。東京学芸大学教授を経て現職。
博士（教育学）（東京学芸大学）。
（専攻）教育心理学・発達心理学
（主要著作）『新・動機づけ研究の最前線』（共編，北大路書房，2019），『読んでわかる教育心理学』（共著，サイエンス社，2018）ほか。

教師のための教育学シリーズ5
教育心理学

2020年3月25日　第一版第一刷発行

編著者　糸井尚子
　　　　上淵　寿

発行者　田中　千津子

発行所　株式会社　学文社

〒153-0064　東京都目黒区下目黒3-6-1
電話　03（3715）1501 ㈹
FAX　03（3715）2012
https://www.gakubunsha.com

©Hisako ITOI & Hisashi UEBUCHI 2020
乱丁・落丁の場合は本社でお取替えします。
定価は売上カード，カバーに表示。

印刷　新灯印刷
Printed in Japan

ISBN 978-4-7620-2615-7

EDUCATIONAL STUDIES FOR TEACHERS SERIES

教師のための教育学シリーズ
＜全12巻＞

教師のための教育学シリーズ編集委員会　監修

優れた専門性と実践的指導力を備えた教師を育成するため，教育課程の概説のみならず，
教育学の理論や知見を提供するテキストシリーズ。

〈本シリーズの特徴〉

・優れた専門性と指導力を備えた教師として必要とされる学校教育に関する知識を教育学
　の理論や知見に基づいてわかりやすく解説。

・単なる概説ではなく，現代的な課題，発展的・専門的内容など先導的内容も扱う。

・教育学の基礎理論に加え，最新の理論も取り込み，理論と実践の往還を図る。

① **教職総論** 改訂版 教師のための教育理論　佐々木 幸寿 編著

② **教育の哲学・歴史**　古屋 恵太 編著

③ **学校法** 第二版　佐々木 幸寿 編著

④ **教育経営論**　末松 裕基 編著

⑤ **教育心理学**　糸井 尚子・上淵 寿 編著

⑥ **教育課程論** 第二版　山田 雅彦 編著

⑦ **教育方法とカリキュラム・マネジメント**　高橋 純 編著

⑧ **道徳教育論**　齋藤 嘉則 編著

⑨ **特別活動** 改訂版 総合的な学習（探究）の時間とともに　林 尚示 編著

⑩ **生徒指導・進路指導** 第二版 理論と方法　林 尚示・伊藤 秀樹 編著

⑪ **子どもと教育と社会**　腰越 滋 編著

⑫ **教育実習論**　櫻井 眞治・矢嶋 昭雄・宮内 卓也 編著